멀리서 보면 모두가 섬이지만
가까이서 보면 모두가 사랑이다

「좋은생각」 정용철 에세이

불량품

좋은생각

추 천 사

스스로 불량품이라 말하는 명품의 글

도종환·시인

정용철 님의 글은 어렵지 않습니다.

읽으면 누구나 알 수 있는 쉬운 언어로 씁니다. 그래서 읽기가 편합니다. 길지 않고 짧습니다. 그러나 짧고 쉬운 글 안에 깊이 있는 삶의 지혜가 가득합니다. 어려운 이야기를 어렵게 말하는 사람보다 알아듣기 쉽게 말하는 사람이 진짜 실력 있는 사람입니다. 진리는 쉬운 말로 표현되어 있습니다.

예수님은 어렵게 말씀하지 않으셨습니다. 비유를 들어 머리에 쏙 들어오게 말씀하시곤 했습니다. 부처님도 직관으로 사물의 본질을 꿰뚫어 보신 뒤에 쉬운 말로 우리를 가르치셨습니다. 우리가 알아야 할 진리와 삶의 이치는 이미 성인들이 다 말씀하셨습니다.

우리는 그분들이 말씀하신 것을 이러저러한 형식으로 바꾸어 말해 보지만 그분들이 말씀하신 것 이상을 말하는 건 아닙니다. 말하자면 예수님 말씀을 주제로 한 몇 개의 변주곡을 연주하고 있는 것입니다. 석가모니 부처님 말씀을 주제로 한 칸타타 몇 악장을 따라 하고 있는 것입니다. 그래서 겸손하게 말해야 한다고 생각합니다.

정용철 님의 글이 그렇습니다. 과장된 언어가 없고 현학적인 표현이 없습니다. 거창한 이야기를 꺼내기보다 작은 이야기에서 시작합니다. 아버지의 일기나 아내한테 들은 말로 이야기를 시작합니다. 그러나 거기서 발견한 삶의 이치에 우리 모두는 고개를 끄덕이게 됩니다.

"주인한테 돌아가는 그 녀석을 사 와야지, 주인도 모르는 이 녀석을 데리고 왔으니 앞으로 고생이 많겠수다."

아내가 말하는 소리를 들으며 우리도 고개를 끄덕이며 따라 웃게 됩니다.

정용철 님의 글은 소박합니다. 그러면서도 따뜻합니다. 스스로 "남쪽 바닷가 양지쪽 언덕에 작은 밭 한 떼기이고 싶다."고 말합니다. "추위가 물러가면 주인이 가장 먼저 찾아와 한 해의 농사를 생각하는 조용한 밭 한 떼기 되고 싶다."고 말합니다. 그러나 그 밭 이야말로 '따뜻한 밭'이요 '성실한 밭'이라는 걸 우리는 압니다.

정용철 님의 글은 명료합니다. 전하고자 하는 이야기가 분명하고 간결합니다. 그 안에는 '단순성의 미학'이 들어 있습니다.

> 사랑한다는 건, 손끝만 스쳐도
> 그의 마음 깊은 곳까지 느껴지는 것
> 사랑한다는 건, 지나가는 발자국 소리만 들어도
> 그의 하루가 다 보이는 것
> 사랑한다는 건, 돌아서는 뒷모습을 보는 순간
> 그가 벌써 그리워지는 것
> 사랑한다는 건, 아무리 멀고 오래된 기억이라도
> 오늘의 이야기가 되는 것
>
> — 정용철의 〈사랑한다는 건〉 중에서

이렇게 명료하고 단순하면서 강한 인상을 남기는 글이 좋은 글입니다.

쉬운 글이 좋은 글입니다.
정갈한 글이 좋은 글입니다.
간결한 글이 좋은 글입니다.
맑고 깨끗한 글이 좋은 글입니다.
삶의 냄새가 나는 글이 좋은 글입니다.
삶의 지혜가 담긴 글이 좋은 글입니다.
마음을 따뜻하게 해 주는 글이 좋은 글입니다.
위안과 용기를 주는 글이 좋은 글입니다.
고개를 끄덕이게 하는 글이 좋은 글입니다.
읽으면서 밑줄을 긋게 하는 글이 좋은 글입니다.
그런 글이 명품 글입니다.
정용철 님의 글이 그렇습니다.

차 례

추천사
스스로 불량품이라 말하는 명품의 글 도종환·시인 __ 04

하얀 종이 __ 12
사랑하는 마음은 __ 14
하나의 비밀 __ 16
봄 __ 17
사랑, 그 하나 __ 18
행복 신호 __ 20
지금 하고 싶은 말 __ 22
사랑한다는 건 __ 24
한 해의 기도 __ 26
꽃도 서럽구나 __ 28
웃음 __ 30
이름 __ 32
이 한마디 __ 34
자연 눈물 __ 36

소원 __ 38
처음 학교에 간 날 __ 40
참봄 __ 42
봄 교실 __ 43
나누기 __ 44
살아 있는 이야기 __ 46
한 사람 __ 48
물음표 __ 50
잔디와 소나무 __ 52
그래서 __ 54
봄아, 빨리 일어나 __ 56
봄길 57
오늘의 사랑 __ 58
후회 __ 60

부름과 대답 ___ 62

사랑은 그 자리에 ___ 63

바보같이 ___ 64

불량품 ___ 66

3월의 노래 ___ 68

아름다움 ___ 70

때문에 ___ 71

사랑하면 기다립니다 ___ 72

초상화 ___ 74

꽃 한 송이 ___ 76

사랑하는 사람들에게 ___ 78

아버지의 일기 ___ 80

열 개의 보석 ___ 82

길 ___ 84

사랑과 삶 ___ 86

친구에게 ___ 88

지금부터 시작 ___ 90

때가 있습니다 ___ 92

엉뚱한 싸움 ___ 94

용기란 ___ 96

나 때문에 ___ 98

사랑은 ___ 99

우정 ___ 100

그러면 ___ 101

준비된 선물 ___ 102

좁은 길 ___ 104

아차 1 ___ 106

아차 2 ___ 108

아차 3 ___ 109

햇살 ___ 110

나누기 ___ 112

즐거운 동행 ___ 114

다음 사람 ___ 116

첫사랑 ___ 118

·09

편지가 되고 싶다 ___ 120
고추잠자리 ___ 122
9월이 오면 ___ 124
하기 ___ 126
가을 ___ 127
사과 이야기 ___ 128
익어 간다는 것 ___ 130
빨래 ___ 132
삶의 노래 ___ 134
사랑밖에는 ___ 136
부르지 않은 이름 ___ 138
사람 인(人) ___ 140
비결 ___ 142
거짓말하지 않는 것 ___ 143
작은 후회 ___ 144
4월 항쟁 ___ 146
어깨 148

아! 조금 ___ 150
시간 ___ 152
지나감 ___ 153
감사 ___ 154
아버지가 되는 사랑 ___ 156
좋다 ___ 158
나는 누구인가? ___ 160
좋은 친구 ___ 162
딱 세 번 ___ 163
내가 져 줄걸 ___ 164
돌아섬 ___ 166
이심전심 ___ 168
당신은
아름다운 사람입니다 ___ 170
바다와 마음 ___ 172
고마운 친구 ___ 174
가장 강한 사람 ___ 176

조금(A Little) ___ 178

은혜 ___ 180

기다림 ___ 182

사랑 ___ 183

소녀의 기도 ___ 184

사랑하라 ___ 186

아내의 시집 ___ 188

믿음 ___ 190

아름다운 소식 ___ 192

여유 ___ 194

명희 이야기 ___ 196

우리가 할 일 ___ 198

그러나 ___ 200

동그라미 사랑 ___ 202

내가 줄 수 있는 것 ___ 204

위대하다는 것 ___ 206

나는요! ___ 208

나의 오늘은 ___ 210

난로 ___ 212

왜 이럴까? ___ 214

빛은 충분하다 ___ 216

작은 고장 ___ 218

저마다의 난롯불 ___ 220

행복한 12월 ___ 222

고운 마음 ___ 224

공사 중 ___ 226

마무리 생각
한계와 사랑 ___ 228

하얀 종이

하얀 종이를 보면
마음이 선해진다
불평도 쉬고 미움도 멈추고
욕심도 잠시 가라앉는다

하얀 종이를 보면
마음이 편해진다
서두르지 않아도 되는 꿈꾸는 내일이
소로시 기다리고 있다

좀 더 오래, 하얀 종이를 보면
마음이 아름다워진다
잊지 않으려고 애쓰는 얼굴들이
종이 위에 하나 둘 그려진다

사랑하는 마음은

음악이 흐르면 마음도 따라 흘러 어디론가 가네
구름이 흐르면 그리움도 산을 넘어 어디론가 가네
꽃이 피면 꿈도 피어 어디론가 손짓하네

사랑하는 마음은 흐르는 것만 있으면 따라 흘러
어디론가 가네
사랑하는 마음은 피어나는 것만 보면 따라 피어
어디론가 손짓하네

사랑하는 마음은 갈 길이 멀어
눈 둘 곳이 없네

하나의 비밀

이름 모르는 들꽃 향기 하나가
온 세상을 향기롭게 합니다

푸른 하늘을 올려다본 기억 하나가
아침마다 힘차게 일어나게 합니다

겨울을 견디고 솟아오르는 새싹 하나가
천 번의 절망을 이겨 내게 합니다

누군가 전해 준 사랑의 눈빛 하나가
위대한 사랑의 전도사가 되게 합니다

봄

봄, 본다는 것
서로 마주 본다는 것
이 얼마나 아름다운 이야기인가

봄이 오면
꽃보다 많이 볼 거야
그대의 마음
그 빛나는 마음
그 고운 마음
밝고 따뜻한 마음

사랑, 그 하나

사랑, 이 한 단어 알기 위해
이렇게 오랜 세월을 보냈나 봅니다

사랑, 이 한 마디 전하기 위해
그 많은 아픔과 갈등을 겪었나 봅니다

사랑, 이 한 생각 가슴에 담기 위해
그렇게 아리고 외로웠나 봅니다

사랑은 우리가 찾아내는 단어가 아니라
오랜 시간의 고통과 갈등이 함께 만드는 단어

가장 아름다운 사랑은
가장 많은 이야기가 모여서 만든 한 이야기

행복 신호

늦게까지 글을 쓰다가 이미 잠들어 있는
아내 옆에 누울 때 아내가 뒤척입니다.
빨리 자라는 신호이지요. 행복합니다.

딸아이가 일어나 출근 준비를 할 때,
샤워하는 물소리도 빨라집니다.
바쁘다는 신호이지요. 행복합니다.

현관에 벗어 둔 신발이 빨리 들어가고 싶은 마음에
뒤집어지고 헝클어져 있습니다.
집이 좋다는 신호이지요. 행복합니다.

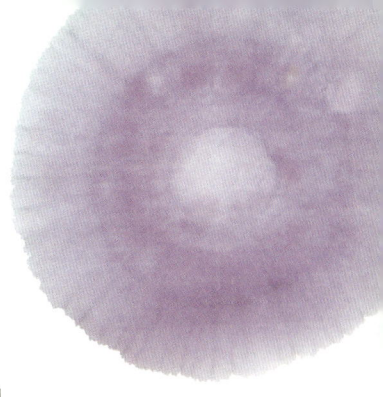

군에 간 아들이 휴가 때 신고 온 군화의 광택이
예전보다 덜 납니다.
고참이 되었다는 신호이지요. 행복합니다.

아침이 오고 어제보다 더 자란 새싹이
우주의 한 부분을 조금 더 푸르게 채웁니다.
열심히 자라고 있다는 신호이지요. 행복합니다.

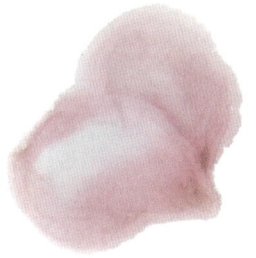

지금 하고 싶은 말

당신은 나의 음악입니다.
어디에서라도 좋아하는 음악을 떠올리면 그 소리가 들리듯이
당신을 떠올리면 당신 마음속 이야기가 내 귀에 들립니다.

당신은 나의 샘물입니다.
당신을 생각할 때마다 솟아나는 기쁨이
삶에 지칠 때마다 찾아오는
갈증을 한 잔 한 잔 풀어 줍니다.

당신은 나의 창입니다.
당신을 통해 호흡을 하고, 당신을 통해 세상을 보며,
당신을 통해 눈물을 알고, 당신을 통해 기다림을 배웁니다.

당신은 나의 시입니다.
당신이 부를 때마다 나는
한 편의 시가 되어 산 넘고 강을 건너
당신에게 달려갑니다.

사랑한다는 건

사랑한다는 건, 손끝만 스쳐도 그의 마음 깊은 곳까지 느껴지는 것
사랑한다는 건, 지나가는 발자국 소리만 들어도
그의 하루가 보이는 것
사랑한다는 건, 돌아서는 뒷모습을 보는 순간
그가 벌써 그리워지는 것
사랑한다는 건, 아무리 멀고 오래된 기억이라도
오늘의 이야기가 되는 것
사랑한다는 건, 그에게 입힌 작은 상처 하나가
평생의 아픔이 되는 것

사랑한다는 건, 슬픔은 등에 지고 희망은 가슴에 안고
끝까지 같이 걷는 것

한 해의 기도

1월에는 내 마음을 깨끗하게 하소서.
그동안 쌓인 추한 마음 모두 덮어 버리고 이제는 하얀 눈처럼 깨끗하게 하소서.
2월에는 내 마음에 꿈이 싹트게 하소서.
하얀 백지에 내 아름다운 꿈이 또렷이 그려지게 하소서.
3월에는 내 마음에 믿음이 찾아오게 하소서.
의심을 버리고 믿음을 가짐으로 삶이 소중하고 아름답다는 확신을 갖게 하소서.
4월에는 내 마음이 성실의 의미를 알게 하소서.
작은 일 작은 한 시간이 인생을 결정하는 기회임을 알게 하소서.
5월에는 내 마음이 사랑으로 설레게 하소서.
삶의 아름다움은 사랑 안에 있음을 알고 사랑으로 가슴이 늘 설레게 하소서.
6월에는 내 마음이 겸손하게 하소서.
남을 귀히 여기고 언제나 존중과 사랑으로 대하므로 내 마음이 교만에서 멀어지게 하소서.
7월에는 내 마음이 인내의 가치를 알게 하소서.

어려움을 지나고 기다림이 없는 열매는 좋은 열매가 아님을 알게 하소서.
8월에는 내 마음에 참쉼을 갖게 하소서.
나와 남을 향해 여백을 주므로 내 삶의 그림이 아름답게 하소서.
9월에는 내 마음이 평화를 느끼게 하소서.
마음의 평화는 내 욕심이 채워질 때가 아니라 내가 성숙할 때 어느새 자리 잡는 것임을 알게 하소서.
10월에는 내 마음이 은혜를 알게 하소서.
나의 오늘이 있게 한 신과 모든 이들의 은혜가 하나하나 생각나게 하소서.
11월에는 내 마음이 욕심을 버리게 하소서.
아직도 남아 있는 욕심을 내려놓고, 넌지시 내 빈 마음을 행복하게 바라보게 하소서.
12월에는 내 마음에 감사가 일어나게 하소서.
한 해 동안 실패와 상실, 아쉬움 등 모든 일들을 받아들이고, 그것까지도 다 감사하게 하소서.

꽃도 서럽구나

꽃도 그늘이 있고 상처가 있구나
꽃도 외롭기도 하고 부끄럽기도 하구나
꽃도 시들면 서럽구나

꽃은 아름다움만 뽐내는 줄 알았는데
꽃은 몸을 흔들리며 향기만 내는 줄 알았는데
꽃은 나비랑 벌이랑 놀기만 하는 줄 알았는데

꽃도 사람 같구나
사람도 꽃 같구나
그래서 서로 보며 웃는구나

웃음

모든 날 가운데 가장 완벽하게 실패한 날은
웃지 않은 날이다. _ 프랑스 격언

내가 당신에게 줄 수 있는 최고의 선물은 웃음입니다.
내가 당신에게서 가장 받고 싶은 선물도 웃음입니다.

우리가 자주 웃는다면
어려움도 먼지 같을 것이고
아픔도 잠시 지나가는 바람일 것입니다.

행복의 시계는 웃음의 벽에 걸려 있고
희망의 노래는 웃음의 라디오에서 흘러나옵니다.

모든 날 가운데 완벽하게 성공한 날은
많이 웃은 날입니다.

이름

힘들고 외로울 때마다
내 이름을 불러 주는 이가 있습니다.
아무리 비 오고 바람 불어도
그 부드러운 목소리를 들으면 새 힘이 솟고
기쁨이 일어납니다.
이름을 부른다는 것은
'너는 혼자가 아니며, 지금 그대로의 너를 사랑한다.'는
말이기 때문입니다.

조용히 이름을 불러 주면
어떤 삶이라도 일어나 빛을 냅니다.

이 한마디

'참 고맙다.'는 이 한마디
가슴 깊은 곳에서 우러나올 때
나는 내 인생길 어디쯤 걷고 있을까

'참 고맙다.'는 이 한마디
가슴에서 퍼 올려 입술에 담고 걸을 때
내 발길은 어디를 향해 걷고 있을까

'참 고맙다.'는 이 한마디
내 삶에 노래가 될 때
내 마음에는 어떤 평화가 찾아와 있을까

자연 눈물

눈이 따가워 안과에 갔더니
인공 눈물을 줍니다.
"하루 네 번씩 넣으세요."

나는 속으로 생각했습니다.
'하루 네 번씩 울면 되겠구나.'

집으로 돌아와 하루에 네 번 울려고 하니
아무리 애를 써도 눈물이 나지 않습니다.

그래, 슬픔이 아니라 기쁨의 눈물을 흘려 보자.
감사한 일 찾아 울고 희망을 생각하며 울자.
사랑이 고마워 울고 사람이 아름다워 울자.

지금 내 곁에 있는 사람들
이미 내게 주어진 것들을 하나하나 생각해 보니
하루에 네 번 눈물 흘리는 것이 별로 어렵지 않습니다.

소원

남쪽 바닷가 양지쪽 언덕에 작은 밭 한 떼기이고 싶다
추위가 물러가면 주인이 가장 먼저 찾아와 한 해의 농사를 생각하는
조용한 밭 한 떼기 되고 싶다
소를 몰아 쟁기질할 것도 없고 이랑 낼 것도 없이 한나절 괭이로
콕콕 파 일구면
아이의 손바닥같이 부드러운 흙에서 아침마다 김이 모락모락 나는
따뜻한 밭 한 떼기 되고 싶다
주인이 씨를 뿌리면 한 알도 남김없이 싹을 틔우는
성실한 밭 한 떼기 되고 싶다

처음 학교에 간 날

그날 기억이 왜 이렇게 뚜렷할까요. 초등학교 입학식 날 말이에요. 까만 반바지에 새하얀 깃의 윗옷, 가슴에 길게 단 하얀 손수건……. 처음 학교에 가던 날 내 모습이에요.
운동장에 모여 교장 선생님의 말씀을 듣고 담임 선생님을 따라 교실에 들어섰어요.
그 순간 왜 그렇게 설레는지 막 가슴이 뛰었어요. 교실은 너무도 커 보였어요.

졸졸 흐르는 냇물을 따라 집으로 왔어요.
그런데 왜 그날 나는 집으로 들어설 때, 사립문이 아니라 옆집 담을 넘어 왔을까요?
옆집 마당을 지나 돌담을 넘어 온 나를 보고 엄마는 빨래를 널다 눈을 동그랗게 뜨고 말했어요.

"용철아, 니 왜 담을 넘어 오나?"
"엄마, 얼른 보고 싶어서!"
엄마는 나를 두 팔로 꼬옥 안아 주었어요.
옷에 풀을 먹일 때 배인 향긋한 풀 냄새가 났어요.
엄마의 가슴은 무척이나 따뜻하고 부드러웠지요.

그날 하루, 엄마는 나를 최고로 대접했어요.
공부도 시키지 않고 심부름도 면제해 주었어요.
나는 마냥 의기양양, 온 가족 앞에서 뽐내기도 했지요.
그 후로도 그랬느냐고요?
아니요, 뒷날부터는
"용철아, 공부해라!" "용철아, 방아 찧어 오니라, 소 먹이고 오니라."
하는 엄마의 목소리가 계속 들려왔어요.

참 봄

당신이 겨울일 때
내가 말했습니다.
"곧 봄이 올 거야. 조금만 참아."
당신은 내 말에 더 추워 보였습니다.

당신이 겨울일 때
털장갑 하나 샀습니다.
"많이 춥지? 이 장갑 껴 봐."
당신 얼굴에 꽃이 피고 나비가 날았습니다.

봄 교실

흙이 부드러워지라 한다
씨앗이 깨어나라 한다
꽃이 웃으라 한다
잎이 기뻐하라 한다
강이 잇으라 한다
들이 달리라 한다
산이 오르라 한다
새가 노래하라 한다
나비가 춤추라 한다
보슬비가 용서하라 한다
바람이 사랑하라 한다
햇살이 따뜻하라 한다

나누기

한 짐의 무거움.
한 줌의 가벼움.

어느 날은 삶이 무거워
등이 휘어질 것 같고
어느 날은 삶이 가벼워
'후' 불면 날아갈 것 같습니다.

무거운 날은
누군가를 불러
내 짐을 나눕니다.

가벼운 날은
누군가를 불러
그의 짐을 나누어 집니다.

삶이란 이렇게 끊임없이
서로 짐을 나누는 것인가 봅니다.

살아 있는 이야기

당신이 아름다운 건 당신 안에 있는
몇 가지 이야기 때문입니다.

언젠가, 누군가를 깊고 푸르게 사랑한 적이 있지요.
언젠가, 누군가에게 가난한 마음을 모아
작은 도움을 준 적이 있지요.
언젠가, 누군가에게 화가 났으나 묵묵히 참고
나를 비운 적이 있지요.
언젠가, 누군가에게 비난과 두려움을 무릅쓰고
정직하게 말한 적이 있지요.
언젠가, 누군가의 잘못을 깨끗이 용서하고
그를 위해 기도한 적이 있지요.

당신과 내 가슴에 살아 있는 몇 가지 이야기가
그보다 천 배나 많은 부끄러움과 어리석음을 보란 듯이
이겨 내고 있습니다.
꽃 한 송이 피면 봄이 오듯이 가슴이 알고 있는 몇 가지 이야기가
결국 우리의 삶을 아름답게 합니다.

한 사람

한 사람을 사랑하는 것은
온 우주를 품는 것입니다.

한 사람을 사랑하는 것은
온 세상의 지혜를 깨닫는 것이고
온 세상의 언어를 이해하는 것입니다.

사랑이란
가장 가까우면서도 가장 멀리 가는 것이고
가장 약하면서도 가장 강한 것이며
가장 많으면서도 가장 귀한 것입니다.

온 세상의 진리에 합석하는 것입니다.

물음표

누가 내 마음을 알아줄까
누가 내 생각을 좋아할까

내가 그 사람을 사랑하면
그의 사랑이 돌아올까

내가 그 사람을 믿으면
그도 나를 믿어 줄까

내가 그 사람을 용서하면
그도 나를 용서할까

모르는 것이 너무 많다

그래도 어쩌겠는가
도로를 따라 자동차가 달리듯이
내 마음의 길을 따라갈 수밖에

잔디와 소나무

당신은 소나무가 되십시오
나는 잔디가 되겠습니다
당신은 하늘을 바라보십시오
나는 당신을 바라보겠습니다

당신이 키를 올리고 가지를 뻗어
솔방울을 맺을 때
나는 당신이 흔들리지 않도록
뿌리를 단단히 붙들고 있겠습니다

당신은 더 높이 자라 더 멀리 보고
더 많은 이야기를 만나십시오
나는 내 온 가슴을 펴고 당신이 전해 주는
이야기를 기쁘게 듣겠습니다

그래서

봄이 오면 나무에 꽃이 피고 잎이 돋는다.
겨울이 지나갔기 때문이다.
나무는 알고 있었다.
겨울이 얼마나 추운지를
그래서 모든 것을 버리고
맨몸으로 살았다.

아프기도 하고 두렵기도 하고 부끄럽기도 했다.
울기도 하고 떨기도 하고 몸부림치기도 했다.
그러나 그 어떤 것보다 강한 것이 하나 있었다.
기다림이었다.
희망이었다.
온몸으로 꽃을 그리며 온 맘으로 잎을 꿈꾸었다.

또 가을이 오고 겨울이 올 것이다.
하지만 나무는 그것도 알고 있다.
겨울을 지날수록 자신이 더 풍성해지고
더 아름다워진다는 것을.

봄아, 빨리 일어나

봄에는 바람이 붑니다.
오후가 되면 바람이 나와 나무를 흔듭니다.
아직도 겨울잠을 자고 있는
나무들을 깨우기 위해서입니다.
"나무야! 빨리 일어나. 얼른 꽃을 피우고 잎을 내야지!"
좋은 변화는 늘 두 가지를 필요로 합니다.
하나는 현실을 흔들어 깨우는 것이고
하나는 하루하루를 꽃피우면서
열심히 사는 것입니다.

봄길

봄이 길을 낸다
연초록 길, 분홍 길, 노란 길……
부드럽고 따뜻하고 촉촉한 길……
아무리 깊은 계곡에도 험한 산에도
봄은 소리 없이 부지런히 길을 낸다
그 길을 걷는 꽃과 잎, 벌과 나비들의 기쁨이란!

나도 봄 같은 길 하나 낼 수 있을까
좁고 굽은 길이지만 밝고 정겨운 길 하나 낼 수 있을까
단 한 사람이라도 즐겁게 걸었다는 길 하나 내고 싶다

오늘의 사랑

오늘 해가 지기 전에 해야 할 일이 있다
오늘 분의 사랑을 다 쓰는 것이다

남기지 말고
고이게 하지도 말자
쌓지도 말자

여기저기 다 사용한 빈 가슴으로
자리에 눕자

밤새 샘물처럼 차오를
새날, 그 사랑을 기다리며

후회

내가 그 병에 대해 좀 더 많이 알았더라면
어머니를 그렇게 오랫동안 아프게 하지 않았을 텐데

내가 세상사를 조금만 더 일찍 알았더라면
아버지를 그렇게 아쉽게 보내지 않았을 텐데

모르는 것이 죄가 되는 줄
이제야 알았습니다.

내 한 몸 아끼며 달리기만 하는 것이 얼마나 슬픈 일인지
어머니 아버지, 얼떨결에 보내고 나서야 알았습니다.

봄을 좋아하는 어머니!
지금은 꽃동산에 계시지요.
오늘은 좋아하신 모과 꽃이 피었나요.

바다를 좋아하신 아버지!
오늘은 날씨가 좋으니 바다가 은빛이지요.
물고기들이 잘 놀고 있나요.

부름과 대답

한 번의 부름이 천 가지 슬픔을 녹입니다.
한 번의 대답이 만 가지 아픔을 씻어 냅니다.

우리의 참행복은 부를 수 있음의 행복이고
우리의 참기쁨은 부름에 대답하는 기쁨입니다.

그를 부름은 나를 그의 발아래 조용히 내려놓는 일이고
내가 대답함은 그를 내 가슴 위에 가만히 올려놓는 일입니다.

부를 수 있는 믿음, 대답할 수 있는 사랑
부를 수 있는 희망, 대답할 수 있는 평화

모든 것이 끊어져도 이어져 있는 이름 하나
모든 것이 닫혀도 열려 있는 사랑 하나

사랑은 그 자리에

기다림에는 조건이 없습니다
기다림에는 기한이 없습니다
기다림에는 약속도 없습니다

떠날 때 이미 알고 있습니다
기다림이란,
돌아오지 않음이 아니라
떠나지 않음이라는 것을

사랑은 그 자리에서
처음부터 떠나지 않습니다

바보같이

때기치기*라는 놀이가 있다.
비료 포대나 책, 신문 따위의 종이를 접어 만든 '때기'를
때려 쳐서 뒤집는 놀이다.
종이가 귀하던 시절이라 때기는 나의 보물 제1호였다.
어느 여름날, 친구랑 때기치기를 했다.
"이기면 다 주기다, 알긋제."
"그래 그러자. 끝까지 다 치기다."
뙤약볕 아래서 땀을 줄줄 흘리며 때기를 딱딱 쳤다.
해가 서산으로 기울 무렵, 내 마지막 때기가 그만 힘없이
뒤집히고 말았다.
이제 손을 털고 집으로 가는 수밖에 없었다.
그런데 순간, 친구 손으로 넘어간 때기들이 너무나 아까웠다.
"내 때기 돌리도."

"야, 니 무슨 말이고? 이기는 사람이 다 갖기로 했잖아."
"아니다. 내 속으로 '돌려주기'라고 말했다."
"그런 억지가 어딨냐."
"그래도 내는 속으로 말했다."
내 말이 끝나기도 전에 친구는 어이가 없다는 표정으로
딴 때기를 모두 땅바닥에 팽개치고 집으로 뛰어가 버렸다.
나는 그것들을 주섬주섬 주웠다.
그런데 왜 그렇게 마음이 슬프고 부끄럽고 얄궂은지,
손이 떨려 때기가 손에 잘 잡히지 않았다.
서쪽 하늘의 노을이 유난히 붉었지만, 아마 내 얼굴은
더 붉었을 것이다.
바보 같아서, 거짓말쟁이라서.

* 때기치기 : 딱지치기의 경상도 사투리.

불량품

나는 불량품입니다.
자주 삐거덕거리고 멈추고 흔들립니다.

그런데도
나를 안아 주는 가정이 있고
나를 좋아하는 친구들이 있고
나를 받아 주는 직장이 있습니다.

그들은 나를 불량품이 아니라 명품이라 부릅니다.
그들은 나를 자랑하고 기뻐하며 소중히 여깁니다.

불량품인데도 내가 이렇게 당당한 것은
그들의 사랑 때문입니다.

3월의 노래

그대에게 보이고 싶어 꽃이 됩니다
그대에게 가고 싶어 향기가 됩니다
그대에게 기대고 싶어 잎이 됩니다
그대에게 머물고 싶어 뿌리가 됩니다
그대와 걷고 싶어 바람이 됩니다

그대에게 젖고 싶어 이슬비가 됩니다
그대에게 안기고 싶어 나비가 됩니다

일어나리 일어나리
피어나리 피어나리
따뜻함이 올라 오늘 일어났습니다
그리움이 닿아 오늘 피어났습니다

그대는 봄
나는 3월

아름다움

꽃은 비에 젖어야 아름답고
잎은 흔들려야 아름다우며
열매는 고개를 숙여야 아름답다
그것을 사랑의 눈으로 보면
비로소 그 아름다움은 완성된다

때문에

당신의 사랑 때문에 행복합니다

어느 날은 비를 맞고
어느 날은 사막을 걷고
어느 날은 바람에 흔들려도

당신의 사랑 하나 때문에
삶에 대한 그 수많은 질문들
다 비우고

오늘은 '행복하다.' 말하며 살아갑니다

사랑하면 기다립니다

온 세상이 나를 기다리고 있습니다.
산과 들도, 봄과 겨울도, 눈물과 웃음도
나를 기다리고 있습니다.

해가 뜨면 나는 나를 기다리는 곳으로 달려갑니다.
해가 지면 나는 다시 나를 기다리는 곳으로 돌아옵니다.
내가 가는 곳은 늘 나를 기다리는 곳입니다.

사랑하면 기다립니다.
아무리 슬프고 아파도 사랑하면 기다립니다.
아무리 멀고 험해도 사랑하면 돌아옵니다.

당신 가슴에 기다림이 남아 있는 한
나는 당신을 벗어날 수 없습니다.
나는 당신 때문에 아름답게 살 수밖에 없습니다.

초
상
화

"초상화를 그릴 때는 그 사람의 흠을 찾아서 그린다."라고
초상화를 그리는 사람이 말했습니다.
그때 난 '아, 단점을 통해서 그 사람의 성격이나 본모습이
드러나는구나.'라고 받아들였습니다. 하지만 왜 굳이 안 좋은 점을
찾아내 사람들에게 보여야 하는지는 내내 궁금했습니다.
그러다 어느 날 책을 읽다가 그 이유를 알아냈습니다.
"사람들은 그 사람의 단점을 통해 호감을 갖고 친밀해진다."
고 적혀 있었습니다.
그리고 "그 사람의 영혼은 그 사람의 단점 안에 들어 있다."
고까지 말하고 있었습니다.
'아, 그렇구나. 드러냄으로써 그 사람이 살아나고,
자유롭게 되며 편안해지는구나.'
'내 단점이 드러날 때 내 삶도 자유로워지겠구나.'
라고 생각하니
초상화를 그리지 않아도 마음이 한결 편안해졌습니다.
내 영혼이 나의 단점 안에 있다고 생각하니
나의 부족함, 부끄러움들까지 막 정겨워졌습니다.
누구보다 단점이 많은 나인지라.

꽃 한 송이

꽃 한 송이 피어나기 시작하자
온 세상이 꽃으로 물들었지요.
내 마음에도 꽃 하나 피우면
내 삶이 꽃같이 아름다울 거예요.

별 하나 반짝이기 시작하자
온 밤하늘이 끝없이 반짝여요.
내 마음에도 별 하나 품으면
내 생각이 언제나 반짝일 거예요.

노래 하나 부르기 시작하자
온 세상이 노래로 가득하네요.
내 마음에도 노래 하나 흐르면
온 달들이 노래하듯 즐거울 거예요.

사랑하는 사람들에게

고맙습니다.
당신의 사랑으로 이 세상이
더 아름다워지고 있습니다.

당신의 사랑으로 이 세상이
오늘도 이렇게 설레고 있습니다.

당신의 사랑이 꿈이 되어
누군가의 미래에 꽃을 피우고
당신의 사랑이 시가 되어
누군가의 가슴에 노래를 만들고 있습니다.

당신의 사랑이 없었다면
이 세상이 꼭 그만큼 어두워졌겠지요.
당신의 사랑이 식는다면
이 세상이 꼭 그만큼 추워지겠지요.

당신의 사랑으로 이 세상이 숨을 쉬고
당신의 사랑으로 이 세상이 빛나고 있습니다.

당신의 사랑이여, 고맙습니다.

아버지의 일기

'나는 부산으로 갔고 용철이는 서울로 갔다.
金 5700원 鎔哲에게 주었다' _ 1975년 10월 27일
'말 드르니 용철 자가 車로 오다가 어름에 밋그러지면서
딴 車와 충돌하야 車工場(차공장)에 修理(수리) 맷겨 놋코 왓다한다.'
_ 1987년 1월 2일

아버지께서는 50년 이상 일기를 쓰셨습니다.
그중 열두 권은 내가 갖고 있습니다.
내가 까마득히 잊어버린 날들이 아버지의 일기장에는
또렷이 살아 있습니다.
내가 전화한 날, 돈 받은 날, 드린 날, 금액까지.

아버지의 일기장을 펼쳐 볼 때마다
그 일생의 현실, 하루하루를 봅니다.
그 영상이 어찌나 아름다운지 혼자 웃음 지으며 놀라고 감격합니다.
그 영상을 통해 아버지와의 친밀함, 자유로움, 영원함을 느낍니다.

밤마다 호롱불 아래 엎드려 일기를 적으시던 아버지를 상상합니다.
아무리 힘들고 졸려도 그날을 다 정리하고 잠자리에 드셨겠지요.
일도 마찬가지입니다.
모든 가치와 성숙, 사랑과 희망은 수고를 동반합니다.
우리의 노력이 일을 넘어 삶을 아름답게 하는 것입니다.

열 개의 보석

내 호주머니에는 열 개의 보석이 있습니다
믿음 · 사랑 · 희망 · 추억 · 고향 · 가족 · 친구 · 일 · 자연 · 나
그것들을 늘 만지작거리다가
힘들 때 하나씩 꺼내 말을 걸어 보고 위로도 받고
용기도 얻으면서 살아갑니다

길

몸이 가는 길이 있고
마음이 가는 길이 있습니다.

몸이 가는 길은 걸을수록 지치지만
마음이 가는 길은 멈출 때 지칩니다.

몸이 가는 길은 앞으로만 나 있지만
마음이 가는 길은 돌아가는 길도 있습니다.

몸이 가는 길은 비가 오면 젖지만
마음이 가는 길은 비가 오면 더 깨끗해집니다.

몸이 가는 길은 바람이 불면 흔들리지만
마음이 가는 길은 바람이 불면 사랑합니다.

오늘은 몸보다 마음이 먼저 길을 나섭니다.

사랑과 삶

글은 사랑입니다.
사랑이 글이 됩니다.
사랑하면 깊이 생각합니다.
사랑하면 짧게 말합니다.
사랑하면 다 드러냅니다.
사랑하면 모두가 새롭습니다.
마음이 사랑으로 가득할 때 글을 쓰면
누구나 시인입니다.

일을 할 때도 마찬가지입니다.
사랑이 가득한 마음으로 제품을 만들면 명품이 됩니다.
사랑이 가득한 마음으로 일을 하면 명인이 됩니다.
사랑이 가득한 마음으로 사람을 만나면 명사가 됩니다.
그리고 사랑은 글이나 일을 넘어
우리의 삶 자체를 최고의 명작으로 만듭니다.

친구에게

나는 너에게 봄을 보낸다
이 봄은 지난해의 봄도 그 전의 봄도 아니야
지금까지 어디에도 없었던 새롭고 완전한 봄이야
어느 날은 싹이 날거야
어느 날은 꽃이 필거야
어느 날은 꽃바람이 불거야
언젠가 본 듯하지만 사실은 모두 새로운 거야
그리고 모두 네 것이야
친구야!
너는 오늘부터 새 사람이야
이 세상 어느 들판의 봄보다 어느 호숫가의 봄보다
너는 더 새롭고 놀라운 봄이야
내가 너에게 봄을 보냈으므로
네 이름을 오늘부터 '희망'이라 부르마

지금부터 시작

변화가 필요하다는 것은 알지만, 어떻게 변해야 할지를 모른다.
어디로 가야 할지, 무슨 일부터 해야 할지를 모르는 것이다.
우리 마음 안에 있는 불안과 두려움 때문일 것이다.

변화를 생각할 때 떠오르는 것이 있다.
'지금보다 더 좋은 것이 있다.'는 미래에 대한 믿음과
'나는 지금보다 더 좋아질 수 있다.'는 나에 대한 신뢰다.

아름다운 곳을 알아내 언젠가 그곳에 가 볼 것이다.
좋아하는 일을 찾아내 꼭 그 일을 할 것이다.
사랑하는 사람을 만나 행복하게 살 것이다.
내 삶은 결국 아름다울 것이다.

그렇다. 나의 미래는 지금부터 시작이고
아무것도 아직 끝나지 않았다.
그리고 나는 차츰 조금씩 좋아지고 있다.

그러면 마음이 밝아진다.
그러면 생각이 자유로워진다.
그러면 기운이 솟아난다.
그러면 가슴에 새길 하나가 생긴다.

때가 있습니다

세상에 대한 의문이 걷히고
내 마음과 삶이 보일 때가 있습니다.

칭찬에 겸손해지고
비난에 움츠러들지 않을 때가 있습니다.

가야 할 길을 알고 그 길을 돌아올 때
어떤 기분일지 알 수 있는 때가 있습니다.

고통의 의미가 기쁨의 의미보다
더 높아 보일 때가 있습니다.

안다고 말하기보다 모른다고 말하기가
더 편해질 때가 있습니다.

한 사람이나 몇 사람을 사랑하기보다
모든 사람을 사랑하고 싶을 때가 있습니다.

엉뚱한 싸움

여름이었다.
동네 앞 모래밭에서 남자아이들과 여자아이들이
어울려 놀고 있었다.
그러다 갑자기 한 남자아이와 한 여자아이가 싸우기 시작했다.
드디어 남자아이가 쓰러졌고, 여자아이는 위에서
계속 주먹을 휘둘렀다.
나는 개울 건너 밭 언덕에서 소에게 줄 꼴을 베면서
그 모습을 지켜보고 있었다.
"야! 어떻게 남자가 여자한테 맞고 있나?"
노는 아이들을 보고 있자니 일하기도 싫었던 차에 화까지 난 나는
낫을 팽개치고 모래밭으로 내리 달렸다.
달리면서 얼핏 보니 아직도 남자아이는 깔려 있고,
덩치 큰 여자아이는 마구 때리고 있었다.
나는 뛰어가던 힘 그대로 여자아이를 밀치면서 한 방 날렸다.
여자아이도 정신을 가다듬고 질세라 내게 달려들었다.

우리는 한참을 뒹굴며 서로 때리고 맞았다.
어느새 어른들이 달려왔고 싸움은 끝났다.
나는 그길로 여자아이 집으로 잡혀가 손이 발이 되도록 빌었다.
"잘못했습니다. 다시는 안 싸우겠습니다.
앞으로는 사이좋게 놀겠습니다."
엉엉 울면서 집으로 왔다.
마침, 온 가족이 마당에서 평상을 펴고 저녁밥을 먹고 있었다.
"그래, 요 녀석! 우선 밥부터 먹어라."
어머니는 밥부터 먹이고 나서 회초리를 들었다.
장딴지에 불이 났다. 벌겋게 피멍이 들었다.
하지만 나는 화를 낼 수 없었다.
울 수도 없었다.
아무리 생각해 보아도 괜히 내가 끼어들었기 때문이었다.
내가 너무나 잘못했기 때문이었다.

용기란

'무엇을 하느냐.'가 아니라
'어떻게 하느냐.'를 결정하는 것이다.

일의 결과에 놀라는 것이 아니라
일의 과정을 아름답게 하는 것이
용기다.

강이 흐르면서
강가의 나무들을 꽃 피우고 열매 맺게 하듯이
용기란, 강처럼 조용히 흐르면서
주변에 기쁨과 평안을 주는 것이다.

나 대문에

나를 따뜻하게 하기 위해
당신은 추웠습니다

나를 웃게 하기 위해
당신은 울었습니다

나를 높이기 위해
당신은 낮아졌습니다

나를 자유롭게 하기 위해
당신은 매였습니다

나를 살리기 위해
당신은 죽었습니다

사랑은

당신이 누군가를 사랑한다고 말한다면
그 안에 무엇이 있는지를 모르는 것이 좋습니다.
사랑도 다른 것처럼 익기까지
모진 태풍과 긴 장마와 냉해와 병충해를
다 겪어야 하기 때문입니다.
지금은 잊어버렸지만
얼마나 많은 아픔이 있었습니까?
고통과 갈등, 상실과 상처가 얼마나 많았습니까?
그것들이 하나하나 쌓여
오늘의 사랑이 되고 평화가 되었습니다.
사랑은 샘물이 아니라
강물로 흐르다 바다가 되는 것입니다.

우정

"요즘 어떠니?"
"잘 지낸다."
"그래 됐다. 전화 끊는다."

전화는 짧지만 마음은 길어
끝없이 이어집니다
날이 갈수록 더 든든해집니다

그러면

작은 것에 기뻐하십시오
그러면 계속 기쁨이 생길 것입니다

오늘 기뻐하십시오
그러면 내일도 기쁨이 찾아올 것입니다

안에서 기뻐하십시오
그러면 밖에서도 기쁨을 만날 것입니다

힘들어도 감사하십시오
그러면 행복을 만날 것입니다

준비된 선물

그 불볕더위 아래서 까치발하고
살금살금 다가가 잠자리를 잡았다.
말똥거리는 눈을 한참 바라보다가 잠자리를
하늘로 날려 보냈다.

그 높은 미루나무 끝까지 올라가
기어이 매미를 잡았다.
쪼르르 내려올 때부터 '맴맴맴' 어찌나 우는지
바로 놓아주지 않을 수 없었다.

그 애를 태우고 물고기를 몇 마리 낚아
나뭇가지에 꿰어 집으로 가져왔다.
어머니께서 보시고 못 먹는 물고기라며
돼지에게 줘 버렸다.

그 바닷가 모래밭에 성을 쌓았다.
더 넓게, 더 높게 짓느라 해 가는 줄 몰랐다.
어머니께서 "용철아, 밥 먹으러 오니라."
하고 부르시면 친구들과 일제히 성을 허물어 버렸다.

그 여름은 어디로 갔을까?
그 애태움, 그 설렘, 그 꿈들은
다 사라져 버렸는가.
그것들은 다 허무고 환상이었던가.

오늘 나는 그것들을 떠올리며 여름을 맞고 있다.
그 즐거움을 따라 도시를 걷고 있다.
그것들은 때마다 깨알처럼 튀어 올라
나를 풍성하게 하고 사랑하게 한다.
아, 그것들은 미리 준비된 오늘을 위한 선물이었다.

좁은 길

말하기는 쉬워도 행하기는 어렵습니다
만남은 쉬워도 이별은 어렵습니다
받기는 쉬워도 주기는 어렵습니다
은혜는 쉬워도 사랑은 어렵습니다

삶을 너무 나무라지 마십시오
다들 어려운 길, 애태우며 가고 있습니다
넓은 길 가지 않고 좁은 길 걷느라
오늘도 저마다 힘들어하고 있습니다

힘든 길 가다 보면 괴로움이 찾아오고
괴로움을 벗어나면 외로움이 달려옵니다

좁은 길 가는 동안 우리가 할 일은
그윽이 서로를 안아 주는 것입니다
괴로움은 어쩔 수 없어도 외로움이라도
조금 덜어 주는 것입니다

아차 1

산에 오르는데 강아지 두 마리가 졸졸 따라왔다.
그러다 한 마리는 돌아서 주인에게로 가고
한 마리는 끝까지 나를 따라왔다.
'그놈 참 기특하네. 나를 좋아하는 모양이군.'
내려오는 길에 주인을 만났다.
"이 녀석 내게 파세요."
"그러죠. 5만 원만 내세요."
이튿날, 강아지와 산책을 나갔다.
그런데 보는 사람마다 따라가서
부르고 찾느라 산책도 못하고 목만 쉬었다.
아내가 한심하다는 듯 한마디 했다.
"주인한테 돌아가는 그 녀석을 사 와야지,
주인도 모르는 이 녀석을 데리고 왔으니
앞으로 고생이 많겠수다."

아차 2

여행길에 식당을 찾았다.
마침 두 식당이 나란히 있었다.
한가한 시간이라, 한 집주인이 찬거리를 다듬고,
한 집주인은 지나가는 손님을 부르고 있었다.
우리는 부르는 소리를 따라 그 집으로 들어갔다.
음식의 양도 마땅치 않고 맛도 시원찮았다.
나오면서 보니 그사이 옆집에는 제법 손님이 들어 있었다.
아차! 하고 깨달았다.
음식 재료를 다듬는 주인이
지나가는 손님을 부르는 주인보다
본질에 충실한 지혜로운 주인이라는 사실을.

아차 3

가족이랑 삼겹살 집에 갔습니다.
4인분을 주문하고 불판이 뜨거워지기를 기다렸습니다.
삼겹살이 나오자 아내는 집게를 들고
부지런히 굽기 시작했습니다.
'지직' 소리를 내며 고기가 익자,
아내는 이쪽저쪽 식구들 앞에 가져다 놓기 바빴습니다.
제법 흡족히 먹은 듯해 된장찌개를 주문해 역시 맛있게 먹었습니다.
"여보, 갑시다. 맛있게 먹었네."
아내는 아무 말 없이 일어섰습니다.
그날 밤 잠들기 전 아내가 말했습니다.
"당신, 어떻게 그러실 수 있어요.
나는 고기 굽느라 만날 하나도 못 먹어요.
식구들 먹인 뒤 이제 좀 먹으려 하면 일어서자고 하니,
참……."
아차! 또 실수, 실패, 후회입니다.

햇살

창문을 넘어온 햇살이
방바닥에 앉아 음악을 듣네요
사람들의 마음 이야기 들으면서
울기도 하고 웃기도 하네요

그러면서 앉은 채로 조금씩 움직이며
몇 사람의 삶을 품기도 하고
쓰다듬기도 하네요

햇살은 할 일을 다 한 듯
가만히 일어나더니
동으로 사라졌어요

햇살이 머물다 간 자리
조금 따듯해졌네요

나누기

사람들은 말합니다.
"슬퍼하지 마십시오."
"아파하지 마십시오."
"그래도 웃으세요."

그런데 그들이 그렇게 바라고 기도해도
나는 아직도 슬프고 아프고 울고 싶습니다.

나는 그들이 이렇게 말해 주면 좋겠습니다.
"슬퍼하십시오. 나도 슬픕니다."
"많이 아프지요. 나도 아픕니다."
"마음껏 우십시오. 나도 지금 울고 있습니다."

눈물의 바다가 넓을수록 하늘의 빛도 넓게 받습니다.

즐거운 동행

작은 것들은 모두 모여라
느린 것들은 모두 모여라
약한 것들은 모두 모여라
서툰 것들은 모두 모여라
우리 함께 가자
천천히 그러나 즐겁게
각자의 장단에 맞춰 노래를 부르며 길을 가자
길가의 작고 느린 것들이 보고 있다
우리를 반길 것이다

다음 사람

나는 글을 쓸 때 '너머'를 봅니다.
독자와 함께 있는, 같이 사는 '다음 사람'을 생각합니다.
어머니에 관한 글을 쓸 때면
그 사람의 어머니, 그 사람의 자녀를 떠올리며
그들의 관계가 좋아지고 행복해질 것을 기대합니다.

일을 할 때도 마찬가지입니다.
밥통을 만들면 맛있는 밥을 통해 온 가족이 건강해지고
행복해하는 모습을 떠올려야 할 것이고,
책을 만들 때는 책을 읽고 그 영향이
다른 사람에게 나타날 것을 기대하며,
선물을 줄 때는 그의 아내나 남편, 자녀들이 기뻐할 모습을
상상하며 혼자 웃습니다.
그 사람을 넘어 다음 누군가에게 전해질 향기를 떠올립니다.

첫사랑

금이는 교장 선생님 딸이었다.
학교 관사에 살고 있었다.
나는 4학년 1반, 금이는 4학년 2반이었다.
나는 얼굴이 까맸고, 금이는 얼굴이 하얬다.
내 성적은 중간에서 약간 높았지만, 금이는 늘 반에서 1, 2등이었다.
어느 모로 보나 나는 금이 상대가 아니었다.
그럼에도 학교에서 금이의 옷자락이라도 보면 가슴이 마구 뛰어
그 자리에 잠시 서 있어야 했다.
금이의 아빠는 농사꾼도 어부도 아니어서,
얼굴이며 손, 몸까지 온통 하얀 아이인 것만 같았다.
어느 여름날, 바닷가에서 수영을 하다가 모래밭을
혼자 뒹굴고 있었다.
그때, 금이가 나타났다. 가족과 함께였다.
나는 바다로 내달렸다.

자맥질로 물속에 깊이 들어가 할 수 있는 만큼 멀리 헤엄쳐 갔다.
조그만 배 한 척이 떠 있었다. 그 배로 올라갔다.
금이네 가족은 해질녘까지 바닷가에 있었다.
그동안 나는 배에 갇혀 있어야 했다.
어머니가 "용철아, 밥 묵으러 오니라." 하시는 소리가
멀리서 들려 왔다.
나는 어머니보다 더 큰 목소리로 "금이야!" 하고 부르고 싶었다.
금이네가 돌아간 뒤에야 나는 배에서 내려 다시 물속으로 들어갔다.
바닷물이 차가웠다.
그날 밤 나는 몸살을 심하게 앓았다.
그리고 얼마 뒤 금이는 아빠를 따라 다른 학교로 갔다.
아직도 금이는 내 마음에 지상에서 가장 고운 '금' 같은 소녀로
남아 있다.

편지가 되고 싶다

유난히 날씨가 좋고 마음이 맑은 날에는
편지가 되고 싶다
힘든 삶을 살아가는 누군가에게 전해져
잠시라도 기쁨이 되고 싶다
꽃 그림 하나와 생명의 소식을 싣고 가야지
사랑하는 마음, 희망의 이야기도 가득 실어야지
우편함도 좋지만 그 집 현관이나 마루에
떨어졌다가 그를 만나면
바로 웃음을 볼 수 있는
편지가 되고 싶다

고추잠자리

초가을 해 질 녘
고향 집 마당에서 금빛 날개를 반짝이며 날던
고추잠자리들이 생각납니다.
어디서 왔는지, 한꺼번에 몰려와 원을 그리며
저마다 비행술을 자랑합니다.
어디 앉지도 않고 마당을 돌면서 날기만 합니다.

이 가을, 그 모습이 떠오르는 건 지금 내 모습이
그때의 고추잠자리 같기 때문입니다.
노을은 붉은데, 어디 앉지 못하고 원을 그리며 바쁘게
날고 있는 내 모습 같기 때문입니다.

9월이 오면

9월이 오면 잊고 지낸 당신을 찾아
길을 떠날 것입니다

그동안 내가 당신을 잊은 것은
당신을 떠나기 위함이 아니라
당신을 사랑하기 때문이었습니다
내가 당신을 얼마나 사랑하는 줄
당신은 알고 있습니다

9월이 오면 당신에게 편지를 쓰겠습니다
편지를 보내고 우체국 계단을
내려올 때 햇살 한 줌이
내 어깨에 내려와 말할 것입니다
"나는 알고 있어. 너의 사랑을."

9월에는 잊음도 사랑인 줄 압니다
9월에는 고통도 사랑인 줄 압니다

9월에는 익어 가는 모든 것이
사랑인 줄 압니다

하기

바람처럼 자유롭기
구름처럼 부드럽기
태양처럼 뜨겁기
별처럼 반짝이기
강물처럼 흐르기
바다처럼 넉넉하기
아침처럼 새롭기
나무처럼 자라기
바위처럼 굳세기
풀처럼 일어나기
산처럼 담담하기
사과처럼 익어 가기

가을

봄이 왔던 곳에
가을이 왔구나

그리움 안에
외로움이 있구나

아픔 안에
아름다움이 있구나

만남 안에
이별이 있구나

사
과

이
야
기

사과나무에 사과가 열렸습니다

색깔이 다릅니다
빨간 사과, 노란 사과, 푸른 사과

크기가 다릅니다
작은 사과, 큰 사과, 보통 사과
모습이 다릅니다
숨은 사과, 드러난 사과, 수줍은 사과
위치가 다릅니다
높은 사과, 낮은 사과, 중간 사과

모두 다르지만 다 웃고 있습니다
동그란 얼굴로 방실방실 웃고 있습니다
누구도 불평하지 않습니다
아무도 부끄러워하지 않습니다
참으로 행복한 결실입니다
참으로 아름다운 가을입니다

익어 간다는 것

익어 간다는 건
기쁨과 아픔의 거리가
그리 멀지 않음을 아는 것

익어 간다는 건
사랑과 갈등의 이야기를
따듯한 눈빛으로 전하는 것

익어 간다는 건
지나온 나날의 고통을
다가올 나날의 충만으로 삼는 것

익어 간다는 건
자기 이야기를
남 이야기하듯 편하게 하는 것

빨래

사랑이라는 이름의 비누로 빨래를 합니다
아픔이 씻기고 두려움이 사라집니다
희망이라는 이름의 햇살로 옷을 말립니다
눈물이 마르고 기쁨이 살아납니다
상처가 아물고 용기가 솟아납니다
어머니는 사랑을 말하지 않습니다
오직, 옷을 더 깨끗하게 빨고 그것을 더 꼬들꼬들 말릴 뿐입니다
가족을 향한 어머니의 사랑이 처마 밑에 가득한
늦가을 오후입니다

삶의 노래

가야지! 가야지!
노래를 불렀다.

이번 가을에는 백담사 계곡의 단풍을 꼭 찍을 거야!
내장산 단풍은 아직도 남아 있겠지.
쪽빛 하늘, 이번에 이렇게 찍어 봐야지!

카메라, 세면도구, 잠옷가지 싣고 늦은 오후
드디어 출발했다.
막 서울을 벗어나는데
따르릉! 전화가 왔다.

"선생님, 원고 봐주셔야지요."
어이쿠! 또 못 가는구먼.

10월, 11월, 12월, 새해 그리고 1월……

겨울 지나면 봄이 오겠지!
봄이 오면 꽃이 피겠지!

사랑밖에는

아버지 어깨를 주무르면
내 어깨가 풀리고
어머니 등을 두드리면
내 등이 더 시원합니다

아내의 발을 씻겨 주면
내 발이 깨끗해지고
남편의 손을 잡아 주면
내 손이 더 힘을 얻습니다

주고서 기쁘고
힘을 쓰고 힘을 얻고
낮아지고 감사한 일은
사랑밖에 없습니다

부르지 않은 이름

이름은 있지만
아무도 부르지 않았습니다

불러 주지 않는다고
고개 숙이지 않았습니다
등 돌리지도 멈추지도 않았습니다

부르지 않아도
자랐고 꽃피웠고
열매 맺었습니다

이 가을!
부르지 않아도
자기 이름으로 대답하는 삶
가지마다 열매 맺은 삶들이 빛나고 있습니다

사람 인(人)

사람 인(人) 자는
열 살 때 쓸 줄 알았는데
기대어 산다는 것은
오십이 넘어 알았습니다

기댈 사람이 몇 사람 있어
좋습니다
나도 누군가 기댈 수 있게
어깨를 내밉니다

비결

기다림의 비결은 믿음
희망의 비결은 인내
성공의 비결은 열정
연애의 비결은 진실
우정의 비결은 신뢰
화평의 비결은 양보
자유의 비결은 성숙
공부의 비결은 노력
가정의 비결은 격려
삶의 비결은 사랑

거짓말하지 않는 것

사랑은 거짓말을 하지 않습니다.
아무리 짧은 사랑이라도 사람을 살리고
삶을 아름답게 합니다.

땀은 거짓말을 하지 않습니다.
아무리 작은 땀방울이라도 떨어지기 전에
희망을 만들고 열매를 맺습니다.

웃음은 거짓말을 하지 않습니다.
아무리 희미한 미소라도 사람들의 마음에
평화와 기쁨을 만듭니다.

눈물은 거짓말을 하지 않습니다.
아무리 작은 눈물이라도 식기 전에
슬픔을 녹이고 아픔을 멈추게 합니다.

작은 후회

조금 더 멀리까지 바래다줄걸
조금 더 참고 기다려 줄걸
그 밥값은 내가 냈어야 하는데
그 정도는 내가 도와줄 수 있었는데
그날 그곳에 갔어야 했는데
더 솔직하게 말했어야 했는데
그 짐을 내가 들어 줄걸
더 오래 머물면서 더 많은 이야기 들어 줄걸
선물은 조금 더 나은 것으로 할걸

큰 후회는 포기하고 잊어버리지만
작은 후회는 늘 계속되고 늘 아픕니다.

4월 항쟁

시골 학교에도 한때 데모가 유행한 적이 있었습니다. 그때 우리도 몇 가지 요구 조건을 내걸고 일을 저질렀습니다. 우리 학생회 간부들은 일곱 명씩 2개조로 나뉘어 면내의 모든 동네를 밤새워 돌면서 이장님 댁으로 찾아가 마이크를 잡고 스피커로 외쳤습니다.
"아, 아, 아! 중학생 여러분! 여기는 학생회입니다. 내일은 아무도 학교에 나오지 말기 바랍니다."
산 넘고 물 건너 모든 동네를 다 돌고는 새벽녘에 우리 집에 모였다가 아침에 학교에 가니 일단 집에서 나온 학생들이 모두 논두렁이나 밭두렁, 길가에 어정쩡하게 앉아 이러지도 저러지도 못하고 있었습니다. 간부들이 학교로 가 교장 선생님을 만났습니다.
"학생들이 한자리에 모여야 요구를 들어주든지 말든지 할 것 아닌가. 빨리 운동장으로 학생들을 모이게 해!"
"아~ 예!"
손짓을 하자 논밭을 가로질러 사방에서 4백여 명의 학생들이 운동장으로 모여들었습니다.

그러나 교장 선생님은 끝내 우리 요구를 들어주지 않았습니다. 그때 우리에게 기발한 아이디어가 떠올랐습니다.

'그래, 오늘이 장날이지. 전부 장터로 가자.'

장터는 곧 교복 입은 까까머리 학생들로 가득 찼습니다. 그런데 그때 이사장님이 급히 간부들을 찾았습니다.

"그래, 수고들 많다. 점심때도 되고 했으니 우선 점심부터 먹어라. 저기 중국집 있지. 가서 자장면 한 그릇씩 먹어. 내 말해 두었으니까."

안 그래도 출출하던 터라 학생회 간부들은 모두 중국집으로 달려갔고 곱빼기 자장면을 게 눈 감추듯 한 그릇씩 먹고는 쩝쩝 입맛을 다시며 식당을 나섰습니다.

그러나 그때 이미 우리의 전의는 완전히 상실되었고 우리 모두는 학교로 돌아가 오후 수업을 두 시간이나 받아야 했습니다. 곱빼기 자장면 한 그릇의 위력 앞에 우리는 끽 소리도 못하고 하루도 못 채운 4월 항쟁은 끝나고 말았습니다.

내 중학교 때 일입니다.

어깨

헬스 센터에서 트레이너가
자꾸 오른쪽 어깨를 밀어 올립니다.
그러면 몸이 왼쪽으로 기운 것 같은데
이게 바른 자세랍니다.

그놈의 카메라 때문입니다.
바디, 렌즈, 배터리, 삼각대까지
모두 힘을 합하여 내 오른쪽 어깨를
기회 있을 때마다 잡아당겼으니까요.

생각날 때마다 오른쪽 어깨를 올리며
기울어진 자세를 바로잡으면서
그동안 나도 모르게 한쪽으로 기울어진
내 생각과 습관도
하나하나 바로잡아 봅니다.

아! 조금

나는 다 주지 못합니다
조금은 남깁니다

나는 다 사랑하지 못합니다
어느 땐, 조금 미워합니다

나는 다 믿지 못합니다
간혹, 조금은 의심합니다

나는 다 깨닫지 못합니다
조금, 아주 조금만 알 뿐입니다

나는 길을 다 가지 못합니다
끝없는 길을 조금씩 걸을 뿐입니다

아! 조금
이것이 문제라는 것을 나는 압니다
그러나 분명히 내게 있습니다

시간

지금 이 시간, 여기에서
누군가를 기다린다는 것은 얼마나 행복한 일인가

지금 그곳에서
누군가가 나를 떠올린다는 것은 얼마나 즐거운 일인가

가까운 곳에 먼 곳이 있구나
낮은 곳에 높은 곳이 있구나
어두운 곳에 밝은 곳이 있구나
흐르는 곳에 머무는 곳이 있구나
고요한 곳에 시끄러운 곳이 있구나
오늘 안에 내일이 있구나
겨울 안에 봄이 있구나

지나감

이미
지나온 고난들이 있습니다.
그때는 고통이 나를 침몰시킬 것 같았습니다.
하지만 지금은
그 고난들이 어떻게 지나갔는지도 잘 생각나지 않습니다.
따라서 지금의 이 고통도
어느새 잊은 듯 다 지나갈 것입니다.
그리고 나중에 우리는
고통을 이야기하며 웃고 감사할 것입니다.

감사

"여보, 밥을 다 먹었는데 왜 김을 들고 있어요?"
"왜 부엌에 서서 감을 먹어요. 식탁에서 먹지!"
"당신은 뜨거운 국을 어쩌면 그렇게 잘 먹어요?"
"천천히 드세요. 천천히. 누가 안 뺏어 먹어요."
십 남매 중 일곱 번째인 나의 생존본능이 어린 시절 그대로 남아 있습니다.
그런 나를 볼 때마다 아내는 안타까워하며 한마디 합니다.

남에게 보이는 습관 하나도 이렇게 고쳐지지 않는데 마음속 깊이 쌓여 있는 상처들은 얼마나 단단하게 굳어져 있을까요?
두려움, 수치심, 상실감, 단절감, 열등감, 의심, 분노, 시기, 질투, 눈치 보기…….
많은 이들이 상처의 치유에 대해 쉽게 말하지만 깊이 박혀 있는 쓴 뿌리들을 걷어 내기란 결코 쉽지 않습니다.

이 상처와 아픔의 이야기를 어떻게 하면 좋은 이야기로 바꿀 수 있을까요?
나는 오늘, '감사'라는 한 단어를 소개합니다.
사랑보다 먼저, 용서보다 먼저, 잊음보다 먼저 '감사'를 떠올려 보는 것입니다.
아침에 깨어나면 새날이 펼쳐져 있다는 것, 겨울이 지나가면 봄이 찾아온다는 것. 가족이 있고 친구가 있고, 아름다운 추억이 있다는 것, 건강이 있고, 먹고 입고 잘 곳이 있으며, 가슴에는 여전히 사랑이 흐르고, 자연이 아름답게 느껴지며, 웃음과 설렘과 기다림이 있다는 것…….
하나하나 얼마나 고맙고 소중한 것인가요? 무엇이 이보다 더 중요할까요?
'감사', 이 한 단어가 마음에 자리 잡으면 봄이 오듯 내 인생의 계절이 바뀝니다.

아버지가 되는 사랑

아버지!
부르기만 해도 가슴이 아프다
"바르게 살아라. 착하게 살아라."
그 뜻이 무엇인지 이제야 알 것 같다

사랑이란 이런 것이구나
늦게라도 깨닫게 해 눈물을 씻어 내는 것
언젠가는 삶의 중심에 서 보게 하는 것
힘들수록 좋은 기억을 일으켜 힘을 채우는 것
아버지라 부름으로 아버지를 알게 하는 것
그러므로 내가 아버지가 되는 것
이 새벽, 아버지가 되는구나

좋다

혼자가 아니어서 좋다
몇 사람 아니 단 둘이라도 좋다
말하면 들어 주고
웃으면 웃어 주고
울면 울어 주는 사람

여기까지 그리고 거기까지
몇 사람 아니 단 둘이라도 좋다
아프면 안아 주고
기쁘면 춤을 추고
멀어지면 보고 싶은 사람

안다는 것에서 욕심이 생기면
사랑하는 사이가 되겠지
사랑하면 행복하겠지

행복하면 아름답겠지
삶이란 혼자가 아니어서 좋다

나는 누구인가?

머리 좋은 사람은 누군가의 아픔을 성공의 기회로 삼지만
가슴이 따뜻한 사람은 남의 아픔을 나의 눈물로 씻어 냅니다.
머리 좋은 사람은 괴로운 시간이 빨리 지나가기만을 바라지만
가슴이 따뜻한 사람은 괴로운 시간을 통해 새로운 희망을 만납니다.
머리 좋은 사람은 시작할 때 결과를 생각하지만
가슴이 따뜻한 사람은 시작할 때 과정을 떠올립니다.
머리 좋은 사람은 기회를 성공의 의미로 보지만
가슴이 따뜻한 사람은 기회를 사랑할 이유로 삼습니다.
머리 좋은 사람은 숫자를 잘 외우지만
가슴이 따뜻한 사람은 얼굴을 잘 기억합니다.
머리 좋은 사람에게 기다림이란 아까운 시간이지만
가슴이 따뜻한 사람에게 기다림이란 행복한 시간입니다.

좋은 친구

눈이 내리면 흩날리는 눈 속에서
그 아이의 눈빛이 떠오르는 친구
눈이 쌓이면 하얀 눈 위에
그 아이의 얼굴이 동그랗게 그려지는 친구
비가 오면
그 아이와 우산을 같이 쓰고 오래오래 걷고 싶은 친구
우산을 쓰고 걸으면
그 아이 어깨보다 내 어깨가 많이 젖어야 기분이 좋은 친구
바람이 불면 그 바람을 따라
그 아이의 향기가 나는 친구
해가 뜨면
그 아이의 하루가 나의 기쁨이 되는 친구
해가 지면
그 아이를 위한 기도를 해야 잠이 오는 친구

딱 세 번

새 학년이 시작되고 날이 따뜻해지면
전교생 신체검사가 있었습니다.
신체검사 전날 학교에서 집으로 돌아올 때는 꼭
산 아래 있는 냇가에 가서 3학년은 냇가 제일 위쪽에,
2학년은 중간에, 1학년은 맨 아래쪽에
알몸으로 쪼그리고 앉아 손등과 발뒤꿈치,
목, 겨드랑이에 까맣게 붙어 있는 때를 벗겨 냈습니다.
조금 불렸다가 동그랗고 거칠거칠한 돌멩이로 때를 밀면
더덕더덕 붙어 있는 때들이 술술 떨어져 나왔습니다.
이렇게 봄 신체검사 때 한 번, 추석 전과 설날 전에 한 번씩,
딱 세 번만 때를 벗기면 일 년이 건강하게 지나갔습니다.
내 중학교 때 이야기입니다.

내가 져 줄걸

"그래, 한판 붙자!"
그 아이와 나는 하교 길 삼거리에서 드디어 한판 붙었습니다.
길가 언덕에는 친구들이 빙 둘러섰고 우리는 태권도, 권투, 유도, 레슬링, 온갖 폼 다 잡으면서 정말 열심히 싸웠습니다.
내가 쓰러지면 걔네 동네 아이들이 "와!" 함성을 지르고 그 아이가 밑에 깔리면 우리 동네 아이들이 박수를 쳤습니다.
5분, 10분이 지나도 승패는 갈리지 않았고 결국 우리는 둘 다 지쳐 신작로에 드러눕고 말았습니다.
위를 보니 투명한 옥색 하늘에는 가을이 찾아와 있었고 보면 볼수록 더 높아져 갔습니다.
시골 중학교의 싸움은 대부분 동네 싸움입니다. 그것도 동네 대

표가 나가 싸워서 이기면 그 동네와 옆 동네 친구들과 여학생들까지 기를 펴고 학교에 다니지만, 지게 되면 온 동네와 인근 동네 학생들까지 어깨가 축 처져 차마 봐 줄 수 없습니다.
나하고 싸운 그 친구는 몇 년 전에 세상과 이별하고 다른 나라에 갔습니다.
그 친구를 멀리 떠나 보내고 나서 마음이 얼마나 아팠는지 모릅니다.
그리고 한참 동안 중얼거린 말이 있습니다.
'그때 내가 맞아 줄걸. 그때 내가 져 줄걸. 그때 싸우지 말걸. 바보같이 바보같이.'

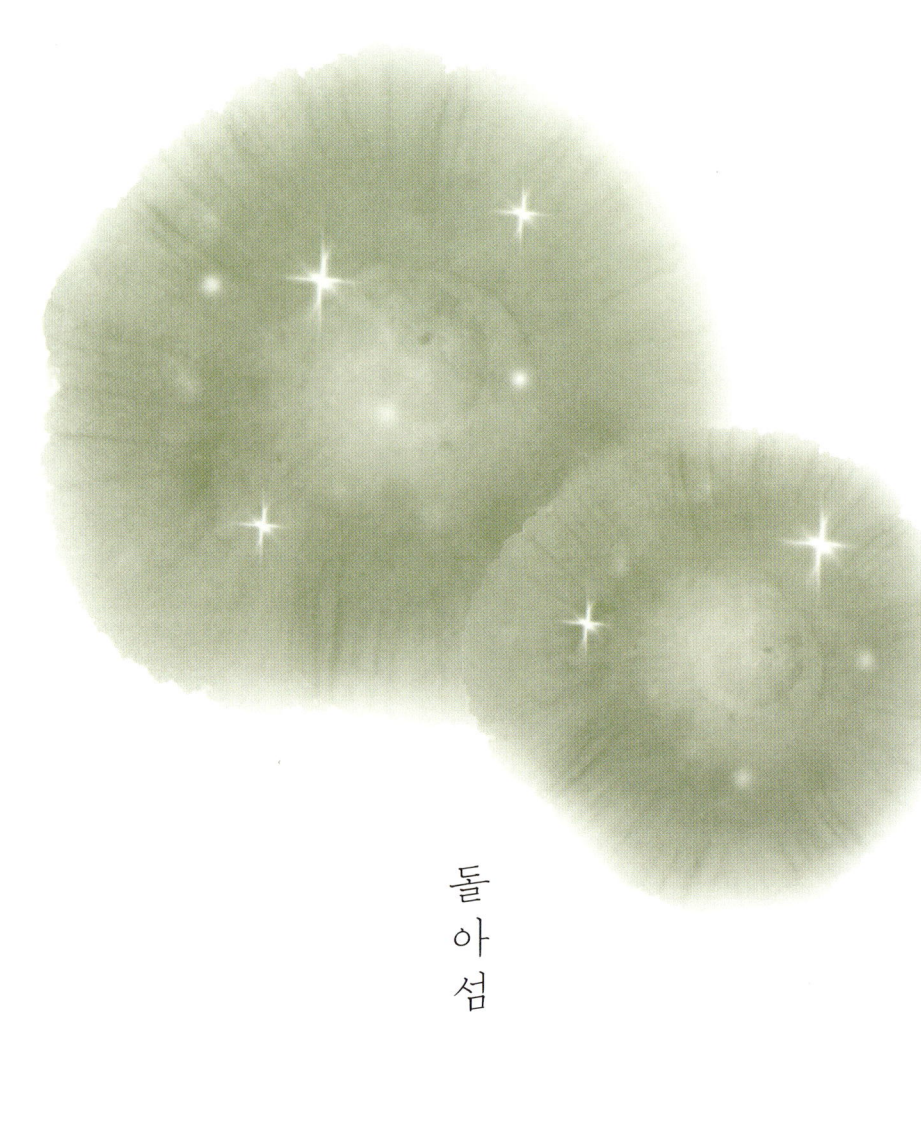

돌
아
섬

욕심의 자력은 강하고 빠르다.
나는 날마다 선과 사랑을 향해 달려가는 것 같지만
욕심을 향해 달려가기도 한다.
조금만 마음을 늦추면
어느새 욕심의 중심에 서 있는 나를 본다.
이 힘든 싸움을 중단하고 싶어
나는 끊임없이 돌아서기를 시도한다.
돌아서고 또 돌아서고 다시 돌아서기를 반복하면서
욕심의 자력에서 벗어나고 싶어 한다.
이 싸움이 언제 끝날지 모른다.
그러나 자력도 계속 사용하다 보면 약해진다.
끝없는 돌아섬은 나의 의지라기보다 하나의 은혜이다.
은혜를 입는 것이다.

이심전심

글을 쓰고 책을 만들 때마다
끊임없이 찾아드는 기쁨 하나가 있습니다.
그것은 나와 독자 사이에 피어나는 '이심전심의 기쁨'입니다.
독자는 정확히 내 마음과 생각을 알고 있습니다.
내가 의심하면 그들도 의심하고, 내가 믿으면 그들도 믿어 줍니다.
내가 드러내면 그들도 드러내고, 내가 기다리면 그들도 기다립니다.

그래서 독자 앞에서는 나를 숨기지 못합니다.
그들은 아무리 작은 것이라도 놓치지 않습니다.

하나의 단어, 한 문장을 통해
내 마음속 깊은 곳에 숨겨 둔 생각 한 조각까지 찾아내
상상의 성찬을 펼치고 동행의 기쁨을 누립니다.

상품을 만들고 서비스를 제공하는 일도 마찬가지 아닐까요.
그들은 당신이 알지 못하는 당신까지 알고 있습니다.
그래서 그들은 믿음과 사랑을 당신과 나누고 싶어 합니다.
모든 고객은 물건이 아니라 마음을 나누고 싶어 집을 나섭니다.

당신은

아름다운

사람입니다

당신은 아름다운 사람입니다.
이 세상 어떤 꽃도 당신의 두 손보다 못하고
어느 별도 당신의 눈동자만큼 빛나지 않습니다.
봄도 겨울도 여름과 가을도 당신을 위해 옷을 갈아입고
아침과 저녁도 당신을 위해 빛을 열고 닫습니다.
바람은 춤을 추고 빗방울은 노래하며
강물은 조용히, 도랑물은 소리 내어 흐릅니다.
당신이 이렇게 아름다운 것은
당신만이 당신이기 때문입니다.
당신의 모습, 당신의 꿈, 희망, 용기, 진실,
사랑, 믿음, 기쁨, 미소, 땀과 눈물, 후회와 한숨까지
당신의 모든 것은 이 세상에 둘도 없는 보석이기 때문입니다.
당신은 진정 아름다운 사람입니다.

바다와 마음

바다는 우리 마음과 닮은 데가 많습니다.

바다도 넓고 우리 마음도 넓습니다.

바다도 서로 닿아 있고 우리 마음도 모두에게 닿아 있습니다.

바다는 배를 띄우고 우리는 마음 위에 삶을 띄웁니다.

바다도 잔잔할 때와 폭풍 칠 때가 있고

우리의 삶도 잔잔할 때와 폭풍 칠 때가 있습니다.

바다가 자신 안에 물고기와 해초를 키우듯

우리 마음도 그 안에 사랑과 희망을 키웁니다.

바다에 밀물과 썰물이 있듯이

우리 마음에도 늘 무언가가 밀려왔다가 쓸려 갑니다.

바다도 모든 것을 받아들여 삭이고

우리 마음도 모든 것을 받아들이고 결국은 삭여 냅니다.

바다에 배가 지나가면서 길을 낼 때

우리 마음에도 누군가가 지나가면서 길을 만듭니다.

고마운 친구

영양 상태가 나빠 콧물이 흘러내려 앞가슴에 손수건을 달고 다닐 때부터 한 가지 소원이 있었습니다. 그것은 빨리 커서 약국에 들어가 원기소를 실컷 먹어 보는 것이었습니다.
그러면 약한 몸이 튼튼해질 것 같았기 때문입니다.
시골에서 중학교를 졸업하고 부산에 있는 고등학교에 들어갔지만 가방이 없어 한동안 책보자기에 책을 싸 가지고 학교에 다녔습니다.
그러던 어느 날 친구에게서 만나자는 연락이 왔습니다. 중학교를 졸업하고 곧바로 부산에 있는 약국에 취직한 친구였습니다.
어둠이 짙게 깔린 길가 가로등 아래에서 우리는 만났습니다.
"용철아, 이것 받아라."
"이게 뭔데?"
"가방이다. 이 가방 들고 학교 댕기면서 니 공부 열심히 해야 헌다. 알긋제……."
친구는 돌아서서 막 뛰어 갔고, 저만치에서 약국 간판의 형광등이 꺼졌다 켜졌다 하면서 아슬아슬하게 어둠을 밀어내고 있었습니다.

가장 강한 사람

가장 강한 사람은 스스로 행복한 사람입니다.
마음이 밝고 생각이 깨끗하며
얼굴에 웃음이 가득한 사람에게는
어떤 유혹도 다가오지 못합니다.
어떤 슬픔도, 미움도, 시기도
그를 당할 수 없습니다.
그는 자신의 행복으로 남을 행복하게 하기 때문에
모두가 그의 편입니다.
따라서 외롭지 않고
외롭지 않으니 두려움도 없고 흔들림도 없습니다.
그는 사랑을 낳고 기쁨을 만들며
감사를 나누며 희망을 전합니다.
그는 스스로를 약하다고 생각합니다.
하지만 그는 진정 강하고 아름다운 사람입니다.

조금(A Little)

설탕을 조금 가지고도 음식이 달게 되네
비누를 조금 가지고도 내 몸이 깨끗이 되네
조금의 햇빛으로도 새싹이 자라네
조금 남은 몽당연필로 책 한 권을 다 쓰네
조금 남은 양초 하늘하늘 춤추는 불빛
아무리 적더라도 불빛은 귀하지
_엘리자벳 노벨

글쓰기란, 조금씩 자라고 확산되는 기쁨입니다.
설탕 조금이 음식을 달게 하듯,
비누 조금이 온몸을 깨끗하게 하듯,
마음에 들어온 조그만 희망 하나, 사랑 하나가
삶 전체를 달고 깨끗하고 풍요롭게 합니다.

어두운 동굴에 들어오는 한 줄기 햇빛이 태양과 연결되듯이
조그만 생각 하나가 글쓰기를 통해
넓고 아름다운 세계와 만나는 것입니다.

일도 마찬가지입니다.
시작이 작고 초라하다고
마음까지 위축되거나 약해질 필요는 없습니다.
그것이 설탕이거나 비누거나 햇빛이라면,
그것이 의미가 있고 소중한 것이라면
연약한 새싹이 큰 나무가 되듯,
자라고 꽃피고 번창하여
좋은 열매를 가지마다 주렁주렁 맺을 것입니다.

은
혜

세상에서 가장 큰 은혜는 태어남의 은혜입니다.
내 이름으로 '지금 여기 있음'의
은혜를 덮을 수 있는 다른 은혜는 없습니다.

'내가 있음'으로 모든 가능성이 열리고, 새로운 관계가 이루어지며
누군가에게 내 사랑과 기쁨을 전할 수 있습니다.
이 은혜야말로 날마다 가장 깊이 감사해야 할 일입니다.

잘 산다는 것은 성공이나 승리의 이야기가 아니라
있음을 기뻐하고, 있음에 설레며 즐거워하는 것입니다.
있음을 최고의 은혜로 아는 사람이 가장 행복한 사람입니다.

기다림

가장 부드럽지만 단단한
가장 단순하지만 풍성한
가장 막연하지만 분명한
가장 약하지만 강한
가장 어리석지만 지혜로운
가장 초라하지만 화려한
가장 힘들지만 즐거운 이야기.

시간이 길어질수록
가슴 깊이 익어 가는 이야기, 하나
기다림.

사랑

사랑이 무엇인지 궁금한가
어떤 것이 사랑인지 궁금한가
나는 가르쳐 주지 못한다
누구도 그 사랑을 말하지 못한다
오직 사랑해 보라
진실로 사랑해 보라
그러면 알 것이다
사랑이 무엇인지
사랑은 오직 사랑만으로 알 수 있다

소녀의 기도

하얀 것(쌀), 까만 것(간장)만 먹고 살던 고3 자취 시절.
옆집 2층에서 피아노 소리가 납니다. '소녀의 기도'가 흘러나오면 고등학교 2학년인 그 집 여학생이 '나를 보고 싶다.'는 뜻입니다.
어느 휴일, 집에 있는데 그 여학생과 그녀 친구 한 명이 급히 집으로 찾아 왔습니다.
"빨리 어디로 도망가요. 저에게 보낸 편지를 아버지가 읽어 버렸어요. 지금 집에 야단났어요. 곧 오빠가 여기로 올 테니 빨리 피해요."
"내가 왜 도망을 가요. 나 잘못한 거 없어요. 기다리면 되겠네요."
둘이 집을 빠져나가자 나는 밀린 빨래를 들고 수돗가로 갔습니다.

양말과 속옷을 한참 빨고 있는데 그녀의 오빠가 마당으로 들어섰습니다.
"기다리고 있었습니다. 조금 전에 동생 분이 왔다 갔습니다. 어떻게 오셨습니까?"
"아……, 그냥……. 수고 많네요. 어느 학교 다녀요?"
머쓱하게 돌아가는 오빠의 어깨 위로 맑은 가을 햇살이 쏟아지고 있었습니다. 그 사이로 고추잠자리 몇 마리도 금빛 날개를 반짝이며 평화롭게 날고 있었습니다.

사
랑
하
라

사랑하라.
사랑만 남아 당신의 소중한 추억이 될 것이다.

사랑하라.
사랑만 남아 당신의 미래를 끊임없이 설레게 할 것이다.

사랑하라.
사랑만 남아 오늘 밤도 당신을 행복하게 잠들게 할 것이다.

사랑하라.
사랑만 남아 당신의 이름을 다정하게 불러 줄 것이다.

아내의 시집

아내는 고등학생 때까지 자기가 시인인 줄 알았습니다.
시인인 국어 선생님을 짝사랑했고 모든 생각은
시로 흘러나왔습니다.
그러나 대학 때부터는 짝사랑의 아픔 때문인지
시는커녕 편지 한 장도 쓰지 않았습니다.
요즘 들어 나는 아내에게 다시 시를 쓰라고 합니다.
그럴 때마다 아내의 눈이 반짝이는 것을 보면서
아내의 예쁜 시집을 그려 봅니다.

나는 간혹 사람들에게
"세상에 하나만 남기려면 무엇을 남기고 싶나요?"라고 묻습니다.
그러면 많은 사람들이 "내 이름으로 책을 한 권 남기고 싶다."고 합니다.
자신의 삶을 글로 남기는 것은 무엇보다도 멋진 일입니다.

자신의 모든 삶이 글로 남는다면 누구나 현재의 삶에 충실하겠지요.
일도 마찬가지입니다.
이 일이 내 이름으로 남는다고 생각하면 어떤 일을 하든 누구를 만나든
최선을 다하지 않을 수 없을 것입니다.

믿음

글을 쓴다는 것은 독자에 대한 믿음의 표현입니다.
"내 마음을 알아줄 거야."
"내 생각을 좋아할 거야."
"내 모든 것을 드러내도 미워하지 않을 거야."

비단 글을 쓰는 일뿐 아니라 세상의 모든 일은 믿음에서 출발합니다.
"이 물건을 만들면 잘 사용할 거야."
"이렇게 들이는 정성 다 알아줄 거야."
"이렇게 하면 이렇게 받아 줄 거야."

다 알아주는 정도가 아니라 더 알아줍니다.
고객은 우리의 믿음과 사랑을 갈망하고 있으니까요.
만약, 고객이 떠난다면 그것은 우리의 믿음이 약하기 때문입니다.

아름다운 소식

사랑이 아름다운 것은
그 결과 때문도
관계의 기쁨이나 설렘 때문도 아닙니다.

고통과 후회의 삶 속에서도
사랑을 품고 내딛는 발걸음
그 하나하나가 아름답기 때문입니다.

아무리 낮은 곳에서라도
어떤 불안과 슬픔 가운데서라도
일단 사랑을 품고 한 걸음 내디디세요.

그 걸음이 흔들리고 때론 쓰러질지라도
당신의 발걸음은
세상에서 가장 귀하고 아름다운 소식입니다.

여유

여유란, 모자람의 기쁜 인정을 말합니다.
할 수 있지만 하지 않고, 그 남겨 둠이
다하는 것보다 즐거울 때
그것을 여유, 만족이라고 합니다.
우리는 어느 길도 다 갈 수 없습니다.
갈수록 길은 멀어집니다.

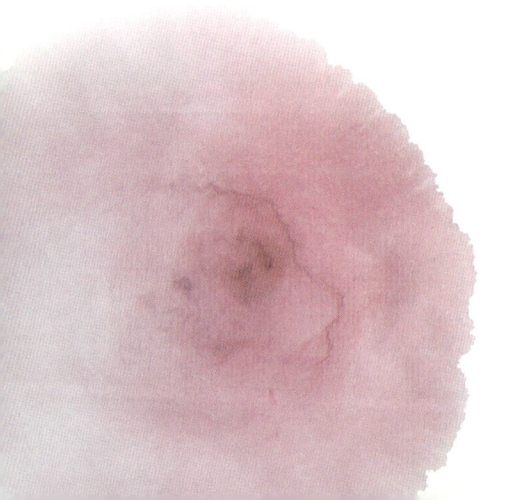

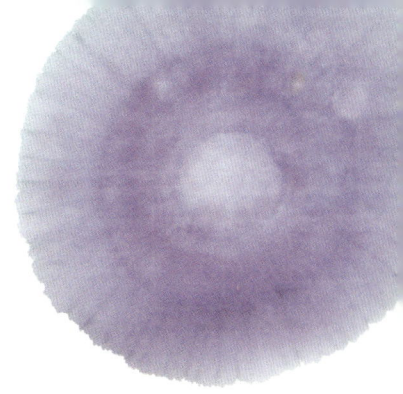

굽잇길을 돌면 또 새 길이 펼쳐지고,
여기다 싶으면 저기가 궁금합니다.
하지만 어떤 이는 길을 다 가지 않고서도
그 끝을 압니다.
길을 남겨 두고도 끝을 보는 것, 부족함을 안고서도
만족하는 것, 이것이 바로 여유입니다.

명희 이야기

같이 하숙하는 친구가 여름휴가를 고향 부산으로 가면서
내 애인과 함께 갔습니다.
둘이 함께 휴가를 떠난 날부터 나는 끙끙 앓았습니다.
'지금쯤 둘이 해운대 백사장을 걷고 있을까?'
'눈이 마주치면 손을 잡을지도 몰라.
그러다가 키스라도 하는 거 아냐.'
'오늘 밤에는 자갈치 시장에서 곰장어를 먹겠지.'
'소주를 주거니 받거니 홀짝홀짝 마시겠지.'
'그러다가 그녀가 취하면 어떻게 될까? 어깨를 기대면. 아…….'
머리를 쥐어박으면서 후회를 했습니다.
'내가 어리석었어. 같이 보내는 게 아니었는데…….'
하루, 이틀, 사흘 낮이 지나고 밤이 되었습니다.
이제 몇 시간만 지나면 친구는 새벽녘 서울역에 도착해
하숙집으로 올 것입니다.
'잠을 자 버려야지. 자고 나면 새벽이겠지.'
하지만 잠은커녕 온갖 상상이 만들어 내는

두 사람의 그림만 천장에 그려졌습니다.
드디어 새벽, 정확하게 내가 추측한 시간에
발자국 소리가 들렸습니다.
"뚜벅 뚜벅, 딱 딱······."
아니 그런데, 발자국 소리가 두 사람의 것이었습니다.
그것도 남자와 여자의.
현관문이 열리고 방으로 두 사람의 발이 들어왔습니다.
"야, 뭐 하노. 빨리 일어나라. 명희랑 같이 왔다."
내가 잠을 푹 잔 것처럼 가장하고 부스스 일어나자
친구가 말했습니다.
"야, 이 가시나 니만 생각하더라. 자갈치 시장에서도
니 이야기만 하고, 기차에서도 니만 찾더라.
할 수 없이 같이 왔다. 참, 이렇게 니를 좋아하나."
'휴~',
그러나 능청스럽게,
"와 이리 시끄럽노. 잠 좀 자자!"

우리가 할 일

사람들은 의외로 외롭고 불안합니다.
오래된 도마처럼 상처가 많고,
바람 많은 언덕의 나무처럼 힘들게 살아갑니다.
흘린 눈물이 너무 많아 가뭄 끝의 포도송이처럼 가슴이 말랐고,
사람 때문에 자주 놀라다 보니 이제는 차라리 외롭습니다.
하지만 이런 가운데에서도 우리는 포기하지 않습니다.
아무리 그래도 열심히 살아야 한다며
아침마다 일어나 마른 가슴을 열어 눈물을 채우고
다시 새로움으로 설레는 우리들입니다.
아무리 힘들어도 결국은 승리의 소식을 전하고 마는 우리들입니다.
한 해를 보내면서 우리가 할 일은 서로에게 사랑과
격려의 박수를 보내는 일입니다.
'자랑스럽다.'고, '정말 잘하고 있다.'며 가만히 안아 주는 일입니다.

그러나

우리는 어디라도 갈 수 있습니다.
그러나 언제든지 갈 수는 없습니다.
우리는 누구라도 사랑할 수 있습니다.
그러나 언제든지 사랑할 수는 없습니다.
우리는 무엇이라도 볼 수 있습니다.
그러나 언제든지 볼 수는 없습니다.
오늘은 할 수 있지만 내일은 할 수 없는 일이 있습니다.
내일이면 할 수 없기에 오늘 꼭 해야 할 일이 있습니다.

동그라미 사랑

아빠는 일을 하고
엄마는 아이를 돌보고
아이는 잠을 잡니다

아이는 아빠의 기쁨이 되고
엄마는 아이의 웃음이 되고
아빠는 엄마의 사랑이 됩니다

아이가 자라 엄마 아빠가 되면
사랑의 동그라미는 다시 돌면서
웃음꽃을 피우고 사랑과 기쁨을 만듭니다

내가 줄 수 있는 것

지금 이 새벽에, 내가 줄 수 있는 것들이 많다고 생각합니다.
우선 내 마음에 있는 이 작은 기쁨과 사랑을
당신께 드리고 싶습니다.
내 삶에 몇 개라도 열매가 맺힌다면 그것 또한
누군가에게 줄 수 있습니다.
그것이 쓰다 두는 물건일 수도 있고,
내 삶의 이야기일 수도 있고, 못다 이룬 꿈일 수도 있습니다.
아쉬운 사랑일 수도 있고, 불타오른 정의감일 수도 있습니다.
극심한 실패나 고통일 수도 있습니다.
지금 내게 있는 것들은 다 줄 수 있는 것들입니다.

나의 연약함, 부끄러움, 어리석음까지도
누군가에게 줌으로써 그를 살릴 수도 있습니다.
삶이란 남기고 기억하는 것이 아니라 주고 잊는 것 같습니다.

일도 마찬가지입니다.
'내 안에 있는 모든 것을 다 준다.'고 생각하십시오.
그것이 누군가를 살리는 일이고
모두의 삶을 행복하게 하는 기술입니다.

이 새벽의 한 시간을 당신께 드렸습니다.

위대하다는 것

위대하다는 것은
무엇을 많이 알거나 높은 이상을 가졌다는 것을
말하는 게 아닙니다.

위대하다는 것은
소박한 좋은 일을 끊임없이 하는 것입니다.
그리고 그것을 의지나 결심으로 하는 것이 아니라
순수하고 자연스럽게 하는 것을 말합니다.

그래서 위대하다는 것은
자연을 닮아 가는 것입니다.

나는요!

대학 3학년 때, 야간 학교에서 학생들을 가르친 적이 있습니다. 낮에는 일을 하고 밤에 모여 중학 과정을 공부하는 학생들을 가르친 것입니다. 어느 날 사회 시간에 한 학생이 불쑥 손을 들고 질문을 하였습니다.
"선생님은 앞으로 어떻게 살고 싶으십니까? 선생님 꿈은 뭐예요?"
그날 꿈과 희망에 대한 이야기를 하긴 했지만 그렇게 "선생님은~" 하고 직격탄을 날릴 줄은 몰랐습니다. 잠시 멍~해 있다가 놀란 가슴을 진정시키고 칠판에 위에서 아래로 선 하나를 쭉 그었습니다.
"이 선이 뭔 줄 알겠어요? 이게 바로 내 인생이에요. 요기서 태어났고 요기서 끝나겠지요. 그리고 지금 나는 여기쯤 와 있겠지요?" 하고 스물세 살 나이가 지나가고 있을 만한, 선의 아래쪽 한곳에 점을 찍었습니다. 그러고 보니 정말 내가 그 위에 서 있는 것 같았습니다. 나는 호흡을 가다듬고 목소리를 낮추었습니다. 그러나 힘주어 말했습니다.
"나는요, 젊음을 오래오래 갖고 싶어요. 사람은 나이가 들면서 젊음, 청춘, 푸르름, 열정, 순수를 잃어버리는데, 나는 오래오래, 내 삶이 끝날 때까지 젊음을 유지하고 싶어요. 이게 내 꿈이에요."

나의 오늘은

오늘 아침 잠자리에서 일어난 것이
누군가에게는 가장 절실한 소원일 수 있습니다.
오늘 아침 학교로 향한 발길이
누군가에는 가장 큰 기쁨일 수 있습니다.
오늘 낮 학교에서 배운 것이
누군가를 위대하게 한 가장 귀중한 내용일 수 있습니다.
오늘 오후 문을 열고 들어설 때 가족이 반겨 준 것은
누군가가 가장 목말라한 사랑일 수 있습니다.
오늘 밤 누운 잠자리가
누군가에게는 꿈같은 왕궁의 침실일 수 있습니다.

난로

우리 집에 난로 하나 놓고 싶다.

겨울 아침, 아내가 일어나 부엌으로 가면
따라가 불을 지펴 부엌을 따뜻하게 해 줄
난로 하나 놓고 싶다.

외출했다 돌아와 차가울 때
얼른 집 안을 따뜻하게 해 줄
난로 하나 놓고 싶다.

타오르는 불꽃을 보면
얼었던 내 마음이 사르르 녹을 것 같은
난로 하나 놓고 싶다.

난로 놓는 아저씨가 말한다.
"이 집은 작아서 난로를 놓을 수 없어요."
난로가 있어야만 데워지는
내 마음이 부끄럽다.

아니다. 난로를 보면 데워지는
내 마음이 고맙다.

날마다 때마다,
난로의 불꽃처럼 흔들리며
애쓰는 내 마음이다.

왜 이럴까?

아들 방의 꼬마전구 하나가
오랫동안 호주머니에 있다.

전구가 나가 새것을 살 때
보여 주기 위해 호주머니에 담고 다닌다.

다른 것이면 어디 두든지 잃어버렸을 텐데
옷을 갈아입을 때면 꼭 챙겨 넣고 다닌다.

손을 넣어 만지작거릴 때마다 감촉이 좋다.
더 오래 갖고 다니고 싶은 마음까지 든다.

왜 이럴까?
사랑하기 때문에!!!

빛은 충분하다

낮이라면
아무리 구름이 낮게 깔려도
빛은 충분하다.

설령 비가 내리고 먹구름이 깔려도
빛은 충분하다.

내가 빛 가운데 있다면
내 마음이 밝은 것을 좋아한다면
빛은 충분하다.

어둠이란 밤이다.
그 밤의 어두움이 얼마나 무겁고 진한지 알지 않은가?
아무것도 보이지 않는다.
어디에도 갈 수 없다.

지금 나는 어디에 있는가?
낮에 있는가? 밤에 있는가?
당신이 낮에 있다면
빛 가운데 있는 것이다.

낮에는 어떤 어두움이 몰려와도
넉넉히 볼 수 있고 어디라도 갈 수 있다.
빛은 충분하다.
낮이라면.

작은 고장

오래전 한 해 여름, 우리집 어선이 기계 고장으로 출어를 포기한 적이 있습니다. 여기를 수리하면 저기가 고장 나고, 며칠 잘 돌아가다가 갑자기 기계가 멈추곤 했습니다. 아버지의 얼굴은 날로 어두워지고 가족과 선원들 모두 말도 크게 못했습니다. 고장의 원인을 모르니 답답할 수밖에 없었습니다.

그러다 가을로 접어든 어느 날, 아버지께서 밝은 얼굴로 집에 들어서면서 말씀하셨습니다.

"내 참, 그것을 모르고 여름 내내 고생했네. 바닷물을 빨아들여 기계로 보내는 호스에 작은 구멍이 난기라. 그러니 기계가 열을 받아 고장이 날 수밖에! 호스 하나 갈면 될 것을. 쯔쯔…….."
아버지 말씀대로 짧은 호스 하나 새것으로 바꾸니 이후에는 기계가 잘 돌아갔습니다.
나의 삶 안에도 호스 하나 바꾸면 될 것 같은 고장이 있습니다. 조금만 바꾸면 삶이 확 바뀔 만한 그 무엇이 사람마다 하나씩은 있을 것입니다.

저마다의 난롯불

겨울이 오면
사람들은 자기 마음속에
난롯불을 하나씩 피웁니다.

누군가에게 따뜻했던
기억을 떠올리며
추운 겨울을 보냅니다.

"서울 데기*춥다면서?"
걱정하며 아들네 집에 오신 부모님이
월세 옥탑방에 들어서실 때
모처럼 아내에게 큰소리 한번 쳤습니다.
"연탄불 확 열어 삐라."

* 데기 : '되게'의 경상도 방언.

행복한 12월

나는 12월입니다.
열한 달, 뒤에서 머무르다 앞으로 나오니
친구들은 다 떠나고 나만 홀로 남았네요.
돌아설 수도, 더 갈 곳도 없는 끝자리에서
나는 지금 무척 외롭고 쓸쓸합니다.

하지만 나를 위해 울지 마세요.
나는 지금
나의 외로움으로 희망을 만들고
나의 슬픔으로 기쁨을 만들며
나의 아픔으로 행복을 만들고 있으니까요.

이제부터는 나를
'행복한 12월'이라 불러 주세요.

고운 마음

한 해가 다 지나가고 있습니다.
당신은 지금 아쉬워하고 있습니다.

좀 더 잘했더라면
좀 더 당당했더라면
좀 더 정직했더라면
좀 더 사랑했더라면

당신의 고운 마음은 지금
'좀 더'로 울먹이고 있습니다.

그러나
시간은 알고 있습니다.
'좀 더'는 욕심이고
'여기까지'와 '이만큼'이
당신의 최선인 것을

한 해가 끝나는 날
당신의 '고운 마음'을 위해 축제를 벌이십시오.
가슴을 쓰다듬고 손뼉을 치며 웃고, 소리 지르십시오.
수고했다! 참 잘했어! 고마워! 멋있어!

공사 중

지금 내 마음은 공사 중입니다.
생각도 공사 중입니다.
마음과 생각이 공사 중이니
행동도 덩달아 공사 중입니다.

불만과 불평을 감사로 바꾸는 공사
원망과 불신을 믿음과 만족으로 바꾸는 공사
게으름과 교만을 부지런과 겸손으로 교체하는 공사
미움과 갈등을 걷어 내고 사랑과 평화로 새롭게 하는 공사

공사가 끝날 때까지
조금만 더 기다려 주십시오.
공사가 끝나고 새 마음 준공식 날 모두 오십시오.
다 같이 축제를 벌입시다.

마 무 리 생 각

한계와 사랑

내 책상에는 마삭줄 화분이 하나 있습니다. 줄기 열다섯 개가 이리저리 뻗어 있는데 그중 한 줄기가 위로 위로 힘차게 올라갔습니다. 줄자로 재어 보니 키가 22센티미터이고, 마디는 여덟이며 잎은 열여덟 개 나와 있습니다.

서너 달을 그렇게 꿋꿋이 올라가더니 어느 날 한쪽으로 쓰러졌습니다. 처음에는 비스듬히 누워 있는 모습이 안쓰럽게 보이다가 차츰 편하게 보였습니다. '한 마디만 더' '한 번만 더' 하면서 용을 쓰며 오르다 이제는 자신의 한계를 깨닫고 어쩔 수 없다며 처져 있는 모습에서 어떤 편안함을 느꼈기 때문입니다.

마삭줄의 이 모습은 최근의 내 모습과도 같았습니다. 책을 펴낼 때마다 '이번만 더' '하나만 더' 하면서 더 좋은 것, 더 높은 곳을 향해 끊임없이 애를 쓰다 어느 날 나도 쓰러졌습니다. 쓰러진 채 누워서 보니 오를 수 없는 곳을 향해 오르려 한 나의 욕심이 보였고, 그 안에 있는 나의 삶과 글들이 불량품으로 보였습니다.

내 안에 있는 교만, 위선, 욕심, 불만, 불평, 게으름, 열등감, 상처, 분노, 미움, 의심, 변덕, 싫증, 집착, 갈등, 경쟁심, 망설임 등……. 내 부끄러움은 끝이 없었습니다. 어느 한 곳 성한 곳이 없었습니다. 그런데도 이상한 것은 나의 불량을 인정한 순간 긴장이 풀리면서 오히려 마음이 편해졌습니다. 그때 내 주변에서 나를 향해 밀려오는 사랑도 보았기 때문입니다. 그렇습니다. 나의 부끄러움, 나의 부족함은 나를 알고 있는 한 분 한 분의 사랑으로 고쳐지고 채워지고 있었습니다.

나는 지금도 삐거덕거리고 멈추고 흔들리는 불량품입니다. 하지만 그들의 사랑, 그 따뜻한 보살핌이 있기에 나는 오늘도 삶이라는 기계를 돌리면서 열심히 살아가고 있습니다.

이번 글은 그동안 「좋은생각」과 「행복한동행」, 「웃음꽃」 등에 실었던 글입니다. 내가 명품인 줄 알고 글을 쓸 때와 내가 불량품인 것을 알고 글을 볼 때와는 많은 차이가 있어 그것을 보듬고 다듬어 떨리는 마음으로 내어놓습니다.

가난한 마음으로 글을 대할 때의 순전한 기쁨은 누구에게나 특별합니다. 부디, 이 책을 대하는 독자의 마음이 이미 가난해 있으면 좋겠습니다. 그리하여 이 책이 살짝만 건드려도 아픔이 가시고 상처가 아물며 마음이 밝아지고 삶이 자유로워지는 희망의 기회가 되면 좋겠습니다.

분명히 불량품인데도 명품이라고 추켜세워 주신 도종환 시인의 추천사를 고맙게 받습니다. 이 책을 조금이라도 더 밝고 따뜻하게 만들기 위해 애쓴 손명찬 편집인, 김정아 부장에게도 감사드립니다.

내가 어떤 일을 하든지 아내와 아들, 딸, 사위는 늘 나에게 도움을 줍니다. 한결같은 지원이 얼마나 고마운지요. 우리가 못 알아들어서 그렇지 자기 딴엔 말을 아주 잘하는 14개월 된 손녀 지안이가 빨리 자라 이 글을 가슴으로 느끼면서 읽어 보면 좋겠습니다.

나의 아픔과 부끄러움을 다 아시는 하나님께 감사드립니다. 이 아슬아슬한 불량품을 사랑의 눈으로 넌지시 봐 주시는 좋은님* 한 분 한 분께 이 책을 바칩니다.

아이 러브 유 2012. 정용철

---

* 좋은님 :「좋은생각」을 비롯해 책을 읽는 독자들을 일컫는 저자 고유의 말.

불량품

지은이 _ 정용철

초판 1쇄 발행 2011년 12월 24일
초판 5쇄 인쇄 2018년 6월 27일

발행인 _ 정용철
편집 _ 손명찬
기획 편집 _ 김정아

디자인 _ Design group All
일러스트 _ 윤주야
마케팅 _ 김기철, 이삼영
기획·제작 _ 최순일, 박상민
펴낸곳 _ ㈜좋은생각사람들

주소 _ 서울시 마포구 동교동 205-6
전화 _ (02)330-0333
팩스 _ (02)330-0329
등록 _ 1993년 7월 5일 제9-341호
홈페이지 _ www.positive.co.kr

ISBN 978-89-91934-13-9 03810

*잘못된 책은 구입하신 서점에서 바꿔 드립니다. 값은 뒤표지에 있습니다.